本书出版得到国家自然科学基金项目（41701195）山西省"1331"重点创新团队计划联合资助。

山西大学城乡发展书系

山西乡村发展
问题区域与区域问题

乔陆印 著

中国社会科学出版社
南开大学出版社

图书在版编目(CIP)数据

山西乡村发展：问题区域与区域问题／乔陆印著.
—天津：南开大学出版社；北京：中国社会
科学出版社，2020.12
　（山西大学城乡发展书系）
　ISBN 978-7-310-06060-3

　Ⅰ.①山…　Ⅱ.①乔…　Ⅲ.①农村经济发展—研究—
山西　Ⅳ.①F327.73

中国版本图书馆 CIP 数据核字(2021)第 002350 号

山西乡村发展
问题区域与区域问题
SHANXI XIANGCUN FAZHAN
WENTI QUYU YU QUYU WENTI

南开大学 出版社
中国社会科学出版社　出版发行

出版人：陈　敬　赵剑英
地址：天津市南开区卫津路 94 号　邮政编码：300071
营销部电话：(022)23508339　营销部传真：(022)23508542
http://www.nkup.com.cn

北京君升印刷有限公司印刷　全国各地新华书店经销
2020 年 12 月第 1 版　2020 年 12 月第 1 次印刷
240×170 毫米　16 开本　13 印张　211 千字
定价：58.00 元

如遇图书印装质量问题，请与本社营销部联系调换，电话：(022)23508339

《山西大学城乡发展书系》编委会成员

主　　编：黄桂田

副 主 编：孙　岩

执行主编：马　华

编　　委：(按姓氏笔画排序)

总　序

　　进入中国特色社会主义新时代后，城乡发展问题愈加引人关注。2019年，习近平总书记在江西视察时指出"城镇化和乡村振兴互促互生"，回答了新时代两个重要发展任务之间的关系，也奠定了未来一个时期中央处理城乡发展问题的基本思路。由于过去的非均衡发展积累了大量的矛盾，城乡发展尚有许多问题需要解决，需要学者们投入大量的精力开展研究。

　　基于这一背景，山西大学乡村振兴研究院组织撰写和出版"山西大学城乡发展书系"。

　　山西大学乡村振兴研究院是隶属于山西大学的校级科研单位，2016年获批山西省人文社科重点研究基地。研究院依托哲学、政治学一级学科博士点，充分发挥协同创新、联合攻关的整体科研优势，开展实验研究和调查研究。研究院按照国家急需、特色鲜明、制度创新、引领发展的总要求，将咨政服务、理论研究、实验研究有机结合，形成三位一体的科研创新发展模式。近年来，研究院对城乡发展问题开展了大量研究工作，尤其在精准扶贫、乡村振兴等方面投入了巨大的研究资源。

　　本书系出版的主要目的有二：一是将过去一段时间本单位研究人员关于城乡发展相关问题的研究成果进行系统梳理和展示，与领域内的专家学者进行学术交流，并推动科研成果得到应用，为相关问题的解决提供智力支持；二是持续记录和发现中国城乡发展进程中的新情况、新问题，为城乡发展不断寻找新思路、新方法。

　　未来，我们将继续关注城乡发展问题，不断深化研究，依托这一书系推出更多高质量的研究成果。

《山西大学城乡发展书系》编委会

2020 年 11 月 3 日

目　　录

下篇　农村人居环境整治

导　　论

　　山西省是一个具有特殊性与典型性的省份，这主要表现在三个方面：其一，自然地理环境与人文地理区位的特殊性，造就了"表里山河"的宏观地理格局；其二，矿产资源十分丰富，是保有资源储量和资源开发利用大省，成为典型的资源型省份；其三，独特的地理环境和长期的资源开发引发了诸多区域发展问题，这些问题具有资源型地区的典型性和代表性。从科学研究的角度来看，山西省特殊的经济形态、发展阶段及其引发的乡村发展问题，为开展资源型地区乡村发展领域的科研工作提供了好样区和好案例，这也是本书的立足点。导论部分在简要介绍山西省省情概况的基础上，依据精准扶贫、乡村振兴等国家战略需求，聚焦山西省乡村发展的问题区域与区域问题，阐明解决这些短板问题对山西省深入推进乡村振兴战略的关联性与重要性，引出后文相关篇章的研究内容。

第一节　山西省省情概况

（一）地理位置

　　山西，因居太行山之西而得名，简称"晋"，是中华人民共和国省级行政区，位于华北地区，省会太原市，总面积15.67万平方千米。东依太行山，与河北为邻；西、南依吕梁山、黄河，与陕西、河南相望；北依长城，与内蒙古毗连；故有"表里山河"之称。疆域轮廓呈东北斜向西南的平行四边形，南北间距较长，纵长约682千米：最南端在芮城县南张村南，北纬34°34′；最北端在天镇县远头村北，北纬40°44′。东西间距较短，宽约385千米：最东端在广灵县南坑村东，东经114°33′；最西端在永济市长旺村西，东经 110°14′①。

（二）地形地貌

山西省是典型的被黄土所覆盖的山地高原地貌，地势东北高西南低。省内地形起伏不平，河谷纵横，有山地、丘陵、高原、盆地、台地等多种地貌类型，其中山地、丘陵面积占全省总面积的 80.1％，盆地、高原、台地等平川河谷约占 20％。省内大部分地区海拔在 1000 米以上，与其东部华北大平原相对比，呈现为强烈的隆起形势。最高处为东北部的五台山叶头峰，海拔达 3058 米，是华北最高峰；最低处为南部边缘的运城市垣曲县东南西阳河入黄河处，海拔仅 180 米。山西省这种多类型地貌特征导致其地势高低起伏异常显著（图 D - 1）。

图 D - 1   山西省地形地貌图（DEM）

---

①   引自"省情—省情概貌"，山西省人民政府网站，http：//www. shanxi. gov. cn/sq/sqgk/.

　　山西境内重峦叠嶂，丘陵起伏，沟壑纵横，总的地势是"两山夹一川"，东西两侧为山地和丘陵隆起，中部为一列串珠式盆地沉陷，平原分布其间。省内主要包括两大山区地带，东部是以太行山为主脉形成的块状山地，山势挺拔雄伟，海拔在 1500 米以上。西部是以吕梁山为主干的黄土高原，海拔多在 1500 米以上，关帝山海拔最高达 2831 米。中部及东南部的大同、忻州、太原、临汾、运城、长治盆地，以及分布在东西太行吕梁山两山之间的中小盆地及河流谷地，是山西省内人口密集和经济发达的地区①。

（三）矿产资源

　　山西分布有丰富的矿产资源，是资源开发利用大省，在全国矿业经济中占有重要的地位。截至 2015 年底，已发现的矿种达 120 种，其中有探明资源储量的矿产 63 种。与全国同类矿产相比，资源储量居全国第一位的矿产有煤层气、铝土矿、耐火黏土、镁矿、冶金用白云岩等 5 种。保有资源储量居全国前 10 位的主要矿产为煤、煤层气、铝土矿、铁矿、金红石等 32 种。其中，煤炭保有资源储量 2709.0 亿吨，占全国保有资源储量的 17.3%，居全国第三位；煤层气剩余经济可采储量为 2304.1 亿立方米，全国首屈一指，具有良好的发展前景；铝土矿资源保有储量 15.3 亿吨（矿石量），居全国第一，占全国保有资源储量的 32.44%；铁矿类型多，资源储量丰富，分布广泛，保有资源储量 39.4 亿吨，居全国第八位。总体上，山西省矿产资源的分布特征表现为：煤、铝土矿等沉积矿产分布广泛，铁矿、铜矿等重要矿产分布相对集中，但是重要金属矿产贫矿多、富矿少，共伴生矿多、单一矿少②。

（四）河流水系

　　山西省是黄河与海河两大流域的分水岭，省内黄河流域面积 97138 平方千米，占全省面积的 62.2%，海河流域面积为 59133 平方千米，占全

---

　　①　引自"省情—自然环境"，山西省人民政府网站，http：//www. shanxi. gov. cn/sq/sqgk/zrdl/201606/t20160630.

　　②　引自"省情—省情概貌"，山西省人民政府网站，http：//www. shanxi. gov. cn/sq/sqgk/201607/t20160713.

省面积的 37.8%。境内共有大小河流 1000 余条，主要特点是河流较多，以季节性河流为主，水量变化的季节性差异大。山西河流源于东西高原山地，向西向南流的属黄河水系，向东流的属海河水系。除了流经省界西、南两面长达 965 千米的黄河干流以外，全省流域面积大于 10000 平方千米的较大河流有 5 条，分别是黄河流域的汾河、沁河，海河流域的桑干河、漳河、滹沱河；山西是海河主要支流永定河、大清河、子牙河、漳卫河的发源地，因此也被誉为"华北水塔"[①]。

（五）区划与人口

截至 2019 年，山西省共辖 11 个地级市，省会太原市位于山西省中部，其余 10 个地市从北到南分别是：大同、朔州、忻州、阳泉、吕梁、晋中、长治、晋城、临汾、运城。全省 11 个地级市共辖 117 个县级行政单位（25 个市辖区、11 个县级市、81 个县），1398 个镇、乡、街道（564 个镇、632 个乡、202 个街道），28079 个建制村。

据 2019 年人口抽样调查，年末全省常住人口 3729.22 万人，比上年末增加 10.88 万人。其中，城镇常住人口 2220.75 万人，占常住人口比重为 59.55%，比上年末提高 1.14 个百分点。年末全省户籍人口城镇化率为 41.87%，比上年末提高 1.02 个百分点[②]。

（六）经济发展

初步核算，2019 年实现地区生产总值 17026.7 亿元，按不变价格计算，比上年增长 6.2%。其中，第一产业增加值 824.7 亿元，增长 2.1%，占地区生产总值的比重 4.8%；第二产业增加值 7453.1 亿元，增长 5.7%，占地区生产总值的比重 43.8%；第三产业增加值 8748.9 亿元，增长 7.0%，占地区生产总值的比重 51.4%。人均地区生产总值 45724 元，按 2019 年平均汇率计算为 6628 美元[③]。

---

①　引自"百度百科—山西省河流水系"，https://baike.baidu.com/item/山西省河流水系/16015736? fr = aladdin.

②　引自《山西省 2019 年国民经济和社会发展统计公报》，山西省人民政府网站，http://www.shanxi.gov.cn/sj/sjjd/202003/t20200309_ 768836.shtml.

③　引自《山西省 2019 年国民经济和社会发展统计公报》，山西省人民政府网站。

从经济总量看，山西省在经历了多年的"徘徊"之后，"十三五"期间不断地向前迈进，实现了稳步增长。2016 年下半年以来，省委省政府在客观分析全省经济发展形势的基础上，提出并实施"一个指引、两手硬"的工作思路和要求，经济持续下行的态势得到了扭转，经济逐步开始回升。2019 年全省 GDP 突破 1.7 万亿元，在全国的位次上升至 21 位。从经济增速看，在遭遇断崖式下滑之后，近年来逐渐回稳提升，在全国的位次大步前移。2012 年以来，面对复杂的国内外发展环境，山西省经济发展出现了断崖式下滑，经济领域的深层次矛盾和问题凸显。2012—2015 年山西 GDP 增速从 10.2% 下跌到 3.0%，在全国的排名也从 21 位下降到 30 位。2016 年，山西省经济得到了小步提升，GDP 增速上升到 4.1%。2017—2019 年的 GDP 增速均保持在 6% 以上，全省经济发展由"疲"转"兴"，经济增长步入合理区间。

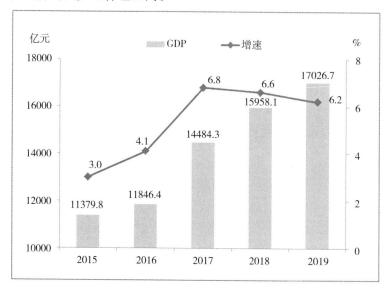

图 D - 2　2015—2019 年山西省 GDP 与增速

（数据来源于《山西省 2019 年国民经济和社会发展统计公报》）

第二节　山西省的问题区域与区域问题

2020 年是全面建成小康社会收官之年，也是中国实现第一个百年奋斗目标的决胜之年。全面建成小康社会，核心要求在于"全面"，不能让任何一个区域落下。当前，全面建成小康社会最艰巨最繁重的任务在农村地区、欠发达地区、贫困地区以及区域发展问题突出的地区（如资源型地区、生态脆弱区、老少边区等），没有这些区域的全面小康，就没有全国的全面小康。因此，全面解决"区域问题"，加快促进"问题地区"转型发展是全面建成小康社会的内在要求。山西省是一个特殊的省份，建成小康社会过程中也面临着诸多区域问题，这些问题在全国层面有一定的共性，但也有区域特殊性。从长远看，解决好这些区域问题对山西省的转型与振兴至关重要。

（一）集中连片特困地区与贫困县

山西省的地形地貌具有特殊性，正如《人说山西好风光》所唱的，"左手一指太行山，右手一指是吕梁"，太行山、吕梁山分立左右、横亘南北，境内山地丘陵面积占比超过80%，对外交通不便、交通区位不优，长期以来形成大范围的集中连片特困地区、全省半数县域为贫困县、300多万贫困人口，解决区域性整体贫困问题任务十分艰巨。东部太行山区、西部吕梁山区及晋北高寒冷凉区，三大区域生态环境脆弱、自然灾害频发、土地退化严重，多数"一方水土难养一方人"，成为山西农村持久性贫困和亟须实施生态移民措施的区域。太行山区受自然地理条件限制，水资源缺乏，道路交通、义务教育等基础设施条件差，县域经济总量小、产业结构单一、发展相对滞后，贫困包袱沉重。西部吕梁山区自然条件恶劣、生态环境脆弱，缺乏区位优势，交通基础设施落后，对外的资源互通、信息交流较少，经济社会相对闭塞，能矿资源丰富但富民效应较弱，区域经济活力不足（李裕瑞等，2016）。因此，山西省的贫困问题是自然地理环境、矿产资源开发、历史遗留问题等多因素交织影响下形成的，具有特殊性和复杂性。换言之，这些贫困地区是山西省建成小康社会乃至今后实现区域振兴发展的关键问题区域，贫困问题（无论是持久性贫困还是暂时性贫困）也是山西省必须解决的区域问题。

（二）煤炭资源采空区与沉陷区

山西省是一个典型的资源型省份，资源种类与储量十分丰富。山西素有"煤海"之称，截至 2015 年底，煤炭保有资源储量 2709 亿吨，占全国保有资源储量的 17.3%，仅次于内蒙古和新疆，居全国第三位；全省 119 个县级行政区中 94 个县区地下有煤层，含煤面积占全省土地总面积（15.67 万平方千米）将近 40%（图 D – 3）。然而，丰富的矿产资源并未给山西省带来持续的经济发展，反而使山西深陷资源型经济的路径依赖困境，遗留下一系列经济社会问题。一方面，长期以来过度依赖能矿资源开发与初级工业品供给，造成"一煤独大"和"重型化"的产业结构，资源型经济转型非常困难。另一方面，长时期、大规模、高强度的煤炭资源开采与输出，留下的却是超过 5000 平方公里的采空区和沉陷区，资源开采对脆弱的生态环境造成严重破坏，采煤沉陷区地质灾害频发（段鹏飞等，2014；唐孝辉，2016），严重威胁着 230 多万群众的生命财产安全。山西省采煤沉陷灾害在全国最为严重，沉陷区面积大、受灾人口多、治理任务艰巨。因此，采煤沉陷区也是山西省建成小康社会的问题区域，且具有特殊性（资源型地区所特有的），其综合整治与转型发展成为山西省资源型经济转型与高质量发展必须解决的区域问题之一。

（三）乡村发展与人居环境问题

山西省特殊的自然地理条件和长期的矿产资源开发对全省乡村发展影响深远。一方面，自然地理条件从根本上决定了山西省农业资源禀赋较差、农业基础薄弱，很大程度上造成了农村发展缓慢与农村贫困问题。另一方面，矿产资源开发对乡村产业、就业与生态环境产生强烈的影响。从乡村发展维度看，乡村产业和农民就业对矿产资源开发形成较强的依赖性，如部分农民去煤矿上班、围绕煤矿而兴起的乡镇服务业（如餐饮、住宿、零售、修理、加油加水等）、长途运输业等。这种依附型的乡村经济容易受到依附主体变化的影响，如煤炭行业波动、煤炭生产配额调整、煤矿政策性整合或经营性整合、煤矿开采年限等，可能因煤矿而兴，也可能因煤矿而衰。从乡村生态环境维度看，资源开采对生态植被、地下水、土地等造成破坏，废渣排放、噪声污染、空气扬尘等严重影响农村人居环境。总之，山西省乡村发展同样面临着诸多问题，既有全国共性问题，也有区域特殊性问题。农村人居环境直接关系到农村居民的日常生产生活，是建设生态宜居乡村的重要内容。乡村振兴背景下，农村人居环境是当下

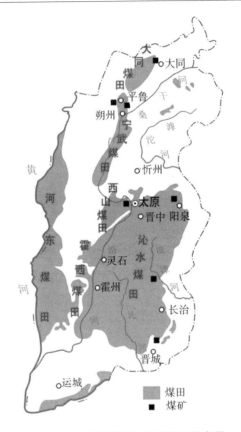

图 D - 3　山西省煤矿与主要煤田分布图

（图片引自《谭木地理课堂——图说地理系列 第五节 能源资源的开发—以山西为例》）

一段时期内需要重点考虑和改善提升的民生问题。山西省农村人居环境整体上看仍存在诸多不足与短板，且制约因素具有区域特殊性，成为深入推进乡村振兴战略亟须解决的区域问题。

第三节　解决短板问题，助推乡村振兴

（一）精准扶贫与乡村振兴的有效衔接

精准扶贫和乡村振兴都是围绕我国"三农"问题而实施的重大战略，当前两大战略正处于历史性的过渡期与衔接期（马文武，2019）。从战略目标看，精准扶贫、精准脱贫方略面向的是 2020 年全面建设小康社会的

第一个百年奋斗目标；乡村振兴战略面向的是到 2050 年把我国建成社会主义现代化强国的第二个百年奋斗目标。从战略内容看，精准扶贫的目标对象是贫困地区和贫困人口，旨在通过科学诊断致贫因子的基础上采取针对性的政策措施进行精准帮扶，从根本上消除导致贫困的各种障碍性因素，历史性地消除绝对贫困和解决区域性整体贫困问题；乡村振兴战略的目标对象则是广大的乡村地域，重点在于通过构建城乡融合发展的体制机制，促进乡村地区转型发展，解决城乡发展不平衡、乡村发展不充分的短板问题，最终实现农业农村的现代化。从战略关系看，精准扶贫是当前及今后一段时期内我国治贫减贫的指导思想和基本方略，乡村振兴则是贫困地区在实现摆脱贫困目标后向更高层次发展的重大战略；精准扶贫是乡村振兴的关键和基本前提，而乡村振兴是精准扶贫的深化和保障，可以说农村减贫的过程也是乡村逐步振兴的过程（郭远智等，2019）。总体上看，两大战略在价值上具有一元性、目标上具有共通性、内容上具有关联性、路径上具有互促性，使得二者存在紧密的逻辑顺承性（张敏敏和傅新红，2019）。然而，从实践层面看，精准扶贫侧重于微观对象和微观政策，乡村振兴战略侧重于从顶层设计角度为农村发展指明方向，实践中需要将乡村振兴顶层设计与精准扶贫微观政策有效衔接起来（章文光，2019）。贫困地区既是脱贫攻坚的主战场，也是乡村振兴的重点区域（文琦和郑殿元，2019）。2020 年是广大贫困地区脱贫攻坚的决战决胜之年，也是深入实施乡村振兴战略的重要节点之年；但未来一段时期（如"十四五"期间）仍将是巩固脱贫攻坚成果的过渡期，也将是明晰乡村振兴战略顶层设计和构建基本制度框架的关键时期。因此，统筹贫困地区的精准扶贫政策成效和乡村振兴战略实施，对于破解城乡发展不平衡、乡村发展不充分问题具有重要的现实意义。

（二）采煤沉陷区综合治理与乡村振兴

一般情况下，资源型地区产业发展容易对丰富的自然资源产生依赖，在产业发展惯性和路径依赖的影响下，产业结构往往被锁定在生产链上游，产生锁定效应（杨显明和焦华富，2015；苗长虹等，2018），严重制约区域转型与可持续发展。长期以来，山西省产业发展对能矿资源开发形成很强的依赖性，导致"一煤独大"的产业结构，全省经济发展的脆弱性隐患始终存在。为此，2010 年国家正式批复设立"山西省国家资源型经济转型综合配套改革试验区"，核心任务是加快产业结构优化升级和经济结构战略性调整，建设资源节约型和环境友好型经济。然而，山西省在"十二五"期间经历了煤炭"黄金十年"的终结和经济增速断崖式下跌，近两年经济增长才有所复苏。新时期，面对国际复杂形势和国内经济转型，山西省经济社会发展的新旧矛盾愈加凸显，产业转型与可持续发展面临着严峻挑战。一是产业转型升级困难。自然资源富足对资源型地区的社会创新行为存在挤出效应（邵帅和齐中英，2009；邢利民，2012），产业结构对资源的依赖性很强，"一业独大"问题普遍突出（周民良，2015），人才、技术等要素集聚能力弱，产业转型升级难度较大。二是社会发展矛盾突显。近年来，在供给侧改革、化解过剩产能、转变要素驱动等宏观调控导向下，山西省的产业与经济发展受到很大冲击，大量煤钢工人面临失业、乡村产业凋敝、农民增收困难，社会矛盾进一步显现，区域发展的不稳定因素增加。三是生态环境治理难度大。长期的资源开发以及高能耗、高污染产业发展，对资源型地区生态环境造成严重破坏，遗留下大面积的采空区和沉陷区、地质灾害频发区，水土环境污损严重，资源开发与生态环境保护之间不平衡、不协调矛盾突出。总体上，资源型地区自然地理条件复杂，产业结构单一、社会矛盾叠加、生态环境脆弱（Sylvia, et al, 2017），这些问题在全国经济社会转型的大背景下，既具有一定的普遍性，又具有区域特殊性。采煤沉陷区综合治理已成为山西省经济社会转型发展必须解决的区域问题。乡村振兴背景下，充分利用国家普惠性惠农政策、行业特殊性支持政策、城乡融合发展体制机制等政策机遇，逐步转化为发展动能，通过外源性的资源嵌入与内生性的要素整合，促进全省5000 平方公里的采煤沉陷区转型与振兴，保障与发展230 多万受灾群众的切身利益。

（三）农村人居环境整治与乡村振兴

乡村振兴战略的目标对象是广大的乡村地域，通过构建城乡融合发展的体制机制，促进乡村地区转型发展，解决城乡发展不平衡、乡村发展不充分的短板问题，最终实现农业农村的现代化。从战略的时间属性看，乡村振兴战略是一项长期性的宏观战略部署，面向的是 2050 年的第二个百年奋斗目标。当前实施乡村振兴战略仍面临着三重困境。战略思维方面，乡村振兴需要放在城乡关系平等的层面考量，但对于地方政府来讲，长期形成的城市优先发展思维和发展惯性不是短期内能够转变的。理论研究方面，最大的瓶颈仍是理论研究缺乏，诸多科学问题尚待破解，难以有效指导乡村振兴实践。宏观制度方面，大力推进乡村振兴和城乡融合发展仍缺乏突破性的制度改革和政策供给（乔陆印，2019）。总体上，无论是学术界还是实务界，对于如何推进乡村振兴战略仍处于探索阶段，各地实践不宜操之过急。

乡村振兴战略提出了"产业兴旺、生态宜居、乡风文明、治理有效、生活富裕"的总体要求，以农村人居环境整治为核心的"生态宜居"是乡村振兴战略的重要内容和关键举措。从全国农村的基本情况和发展阶段看，当前乡村振兴的重点任务仍是加强农村基础设施建设和提升公共服务能力。鉴于乡村振兴战略的制度供给与保障尚不完善、实践思路与方向尚不明确、建设目标与任务尚不清晰，那么可从改善农村人居环境这一现阶段农民最迫切需要、最易取得明显成效的民生工程入手，补短板、强弱项、促发展，促进农村环境与面貌变好变美、农村基础设施更加完备、农村公共服务更加便利，为乡村振兴奠定硬件基础。可以说，改善农村人居环境，建设美丽宜居乡村，是乡村振兴战略的内在要求；反之，农村人居环境整治也可成为实施乡村振兴战略的切入点和突破口。2018 年 2 月，中共中央办公厅、国务院办公厅正式印发了《农村人居环境整治三年行动方案》，提出到 2020 年实现"农村人居环境明显改善，村庄环境基本干净整洁有序，村民环境与健康意识普遍增强"的行动目标（史磊和郑珊，2018）。总体上，近年来农村基础设施和公共服务设施不断完善，农民环保意识持续增强，农村人居环境整体改善；但确实也存在着区域差异、薄弱环节和短板问题，农村人居环境整体质量仍不能满足农村居民日益提高的生活需求，特别是资源型地区的农村人居环境问题更严重、成因更复杂，仍有很大的提升空间。在未来较短的一段时期内，资源型地区应以农村人居环境整治为切入点，将有限的公共资源投入到农民最需求的民生领域，做好基于保底与固基的乡村建设工作。

上篇　精准扶贫、精准脱贫

第一章 中国农村扶贫开发的阶段特征 与理论创新

　　贫困是世界各国尤其是发展中国家面临的重大现实问题和发展难题。2000年9月，联合国千年首脑会议通过的《联合国千年宣言》中，将"全世界生活在绝对贫困线下的人口数减半"作为千年发展目标的第一项。减贫与消除贫困再一次成为全世界的热议话题。中国是世界上最大的发展中国家，长期以来形成的城乡二元结构体制和薄弱的农村经济社会基础，造成农村贫困人口多、分布广的基本格局（刘艳华和徐勇，2015；刘彦随等，2016）。中国政府历来重视如何解决贫困问题。改革开放以来，从广义的、救济式的扶贫到大规模、有组织、有计划的开发式扶贫再到当前的精准扶贫，中国农村扶贫开发实践经历了不同的历史阶段，全国贫困人口从1978年的2.5亿降至2019年底的551万人，农村贫困发生率也从30.7%降至0.6%（按中国贫困线测算）①，成为世界上减少贫困人口最多、率先完成联合国千年发展目标的国家，为世界减贫事业做出巨大贡献。但也应认识到，中国现有的贫困人口集中分布在中西部的深石山区、高寒区、民族地区和边境地区，农村贫困人口多、贫困程度深、脱贫难度大，少部分地区的贫困发生率仍然较高（李裕瑞等，2016），已脱贫人口中有近200万人存在返贫风险，边缘人口中还有近300万人存在致贫风险（李纪恒，2020），脱贫攻坚面临着新的挑战。在此背景下，系统梳理改革开放四十年以来中国扶贫开发的实践历程，从扶贫理念、宏观背景、主要措施、减贫成效等方面总结不同阶段的特征，提炼中国扶贫开发

---

　　① 数据引自《2019年全国农村贫困人口减少1109万人》，新华网，2020－01－24. http：//www.xinhuanet.com/politics/2020－01/24/c_1125498602.htm.

的理论创新、内核特征及其经验启示，对于全面打赢脱贫攻坚战、明晰 2020 年以后的减贫方向、促进世界减贫理论与实践的发展均具有重要意义。

第一节　贫困认知与反贫困理论发展

（一）贫困认知

贫困内涵是反贫困理论框架建构的逻辑起点，也是反贫困实践的理论基石。那么如何认识贫困呢？贫困是一个既简单又复杂的经济社会现象。从表象上看，贫困是一种客观的可视现象，表现为一个人或家庭的物质生活困乏。但从其成因和标准看，贫困又绝非仅仅是一种简单的物质生活状态，学界对其内涵与测度至今没有一个确切的、统一的认识。贫困作为学术术语和研究领域之后，学界对其定义与内涵的讨论延续至今。

贫困最早是从经济维度来认知的。1901 年英国学者朗特里撰文指出，一个家庭所拥有的收入不足以维系其生理功能的最低需要，如食品、住房、衣着和其他必需品，即处于贫困状态，并据此估计了家庭最低生活支出，即贫困线标准（郭熙保和罗知，2005；杨国涛等，2012）。这种从家庭收入和消费的角度来度量贫困，称之为收入贫困或绝对贫困。但事实上，不同人群的最低生活需求差异较大，且非食物类项目难以准确量化其需求量等，绝对贫困的思想也逐渐受到质疑。其后，Runciman（1966）、Victor（1967）、Townsend（1971）等学者对贫困提出新的阐释，认为贫困是低于社会平均生活水平的状态，即为相对贫困。80 年代，印度学者阿马蒂亚·森（2002）提出了能力贫困的概念，并指出贫困不仅仅是收入低下，更是能力的剥夺、权利的丧失等，而影响能力剥夺的因素有收入水平、公共政策、社会制度、教育缺乏等。贫困内涵从经济维度的物质贫困转向包括能力、权利的多维贫困。此后，能力贫困理论在一些国际组织和学者的研究中得到广泛借鉴与应用，如世界银行在《2000/2001 年世界发展报告》中提出的广义福利贫困，联合国发展计划署（UNDP）提出的人类贫困指数（HPI，包括健康的剥夺、接受教育的剥夺、体面生活的剥夺）和多维贫困指数（MPI，包括健康、教育、生活标准）。随着研究的深入，经济不平等、福利剥夺、贫困文化、社会排斥、风险与脆弱性等概念相继出现（郑宝华和张兰英，2004；陈传波，2005；唐丽霞等，2010），贫困内涵进一步得到丰富。

新世纪之前，国内贫困研究一直沿用国际上以经济收入为标准来衡量贫困的理念，如国家统计局将个人和家庭的合法收入不能维持家庭基本生活需要的现象视为贫困（王萍萍等，2006），有学者认为贫困是指经济收入低于当时、当地生活必需品购买力的一种失调的生活状态（屈锡华和左齐，1997）。随着国内研究和实践的深入，学者们发现收入增长并不一定带来贫困减少，收入分配不平等也是重要的影响因素（万广华和张茵，2006）。因此，有学者又从人类贫困、知识贫困、脆弱性、制度保障等方面提出新认识（胡鞍钢和李春波，2001；徐月宾等，2007），贫困认知也随之深化。

纵观国内外贫困研究历程，学界对贫困的认知经历了从收入/消费的单一经济维度转向深层次的能力、权利、制度、文化、代际等多维度拓展，同时还衍生出社会不平等、社会剥夺、社会排斥、脆弱性、边缘化等相关概念，贫困逐渐被认为是收入、能力、权利、资本、社会关系、地域文化等落后现象的总称。这也反映出贫困问题伴随着经济社会发展的历史阶段而呈现出不同的内涵和特征。

（二）反贫困理论

贫困与反贫困是一个问题的两个方面，反贫困理论研究是建立在对贫困内涵、致贫原因及致贫机理探讨的基础上的。最初，经济学是反贫困研究的主要领域。早期以收入/消费为核心指标的单一经济维度来解释贫困，决定了促进经济增长、提高收入水平的经济学理论成为反贫困理论研究的主要范式以及政策实践的主导理念（凌文豪和刘欣，2016）。于是，20世纪中期以后相继形成了纳克斯"贫困恶性循环理论"、纳尔逊"贫困陷阱理论"、缪尔达尔"循环积累因果关系"等理论成果，均侧重从宏观层面资本短缺的角度来解释贫困的成因机制，并据此提出反贫困策略。随着学界对贫困与经济增长认知的变化，发展经济学领域形成了涓滴理论、益贫式增长理论、包容性增长理论、绿色增长减贫理论以及多元发展理论等反贫困理论（左停，2017）。基于经济学范式（无论是主流经济学还是发展经济学）的反贫困理论实质上是一种发展主义，即主张从宏观层面通过一定的外部经济干预来促进经济增长，进而减缓或消除贫困。

随着社会学领域贫困研究的逐渐兴起，人们对贫困的认知不断加深，贫困不再仅仅是个体经济问题，还表现为深层次的个人能力和社会权利的不平衡。与经济学侧重宏观尺度的经济发展不同，社会学范式下的反贫困理论更注重微观尺度的贫困个体，侧重从社会分层和社会流动层面强调贫困缓解的个体特征，产生了贫困研究的结构视角和个体视角（黄承伟和刘欣，2016）。20 世纪 60 年代以后，先后出现了人力资本理论、代际传递理论、生命周期理论、参与式扶贫理论、社区主导发展理论、社会风险管理理论、生计资本理论（可持续生计分析框架）等，进一步丰富了反贫困理论研究。此外，管理学、政治学、地理学、组织学等学科领域也从不同的视角提出缓解或消除贫困的理论解释，形成诸如区域发展理论、系统贫困理论、贫困文化理论、合作型反贫困理念等。总体上，反贫困理论的多元化发展也促进了贫困研究范式的综合，对于新时期中国反贫困政策与实践具有较好的借鉴和启示意义。

第二节　中国农村扶贫开发实践进路

中国的贫困理论研究是在扶贫实践中逐渐丰富起来的。改革开放之初，中国农村的贫困问题普遍存在，当时虽然没有形成专门性的扶贫制度安排，但通过农村经济制度改革以及救济式扶贫，仍取得了巨大的减贫成效。随着农村贫困特征的不断演化、贫困与反贫困理论认知的逐渐深化以及综合国力的快速提升，中国逐渐探索出一条特色的农村减贫路径。

（一）经济改革下的广义扶贫（1978—1985 年）

1. 阶段背景。在经历了三年自然灾害和十年"文化大革命"后，中国国民经济几乎停滞，全国范围内普遍存在着大面积贫困现象。按照中国的贫困标准统计（人均纯收入 206 元），1978 年全国贫困人口超过 2.5 亿人，农村贫困发生率达 30.7%（黄承伟，2016）。为挽救中国濒临崩溃的国民经济，1978 年国家开始实施改革开放政策。对农村来讲，一是农村土地经营管理制度改革，激发老百姓生产积极性，提高土地利用率和劳动产出率，农产品产量激增；二是农产品购销制度改革，提高农产品价格，恢复农村集贸市场，重建农产品市场体系（冯健等，2009）；三是放开农村金融与工商业投资，乡镇企业迅速发展，为农民创造了非农就业。农村制度改革的成功促进经济快速增长，相应地也带来了巨大的减贫效应，可称为广义扶贫。

2. 举措与成效。具体到扶贫领域，救济式扶贫、设立专项基金、"三西"扶贫开发计划可以说是该阶段具有针对性的扶贫措施。救济式扶贫是从新中国成立之初延续到上世纪 80 年代中期，通过中央政府向贫困地区调拨粮食、棉布等生活物资以及财政补贴，以维系贫困地区农村人口的最低生活保障，也就是所谓的"输血式"扶贫。如 1984 年 11 月，国家计划委员会发布了《关于动用库存粮棉布帮助贫困地区修建道路和水利工程的通知》，决定在 3 年内从商业库存中拿出粮食 100 亿斤、棉花 200 万担、棉布 5 亿米拨给贫困地区，通过"以工代赈"方式加强贫困地区基础设施建设（韩广富和李万荣，2017）。"三西"扶贫计划是指国家对甘肃定西、河西地区、宁夏西海固地区实施农业建设计划，于 1982 年启动，每年专项拨款 2 亿元，为期 10 年，开启了中国贫困地区扶贫开发模式的先河。

该阶段尚未形成专门化、制度化的扶贫体系，但在农村经济体制改革和救济式扶贫等政策措施下，农村绝对贫困人口从 2.5 亿减少到 1.25 亿人左右，贫困发生率也从 30.7% 下降为 14.8%，取得了巨大的减贫成效。经济改革下的广义扶贫，实质上暗合了西方早期的减贫逻辑，即通过经济社会发展产生的涓滴效应来带动贫困人口增收并实现脱贫，属于收入/消费单一经济维度的减贫理念。

3. 存在的问题。注重农村经济发展，忽视基本公共服务供给。在农村全面推行经济体制改革的同时，人民公社时期依托于集体经济的农村基础教育和基本医疗服务也遭到摒弃，但新的农村公共服务制度又迟迟未能建立，农村长期被排斥在国家社会保障和义务教育体系之外（韩嘉玲等，2009）。农村经济增长了，农民收入增加了，但教育、医疗等方面的支出也增加了，很大程度上阻碍了减贫成效的释放。

救济式扶贫助长了贫困人口的依赖心理。"输血式"扶贫措施对于改观绝对贫困人口的生活状况起到了积极作用，但也出现了一些问题。一方面，国家直接给贫困地区调拨生活物资和财政补贴，无法内化为贫困地区的自我"造血"动力和贫困人口的自主发展能力，反而助长了其"等、靠、要"的依赖心理，不利于后续的扶贫工作。另一方面，经济转轨初期国家对贫困地区实行补贴救济，但同时利用工农业产品价格"剪刀差"将当地的农产品和原材料调配供给到发达地区，造成贫困地区资源与资本流失，容易形成对发达地区的经济依赖。

（二）区域瞄准的开发式扶贫（1986—1993 年）

1. 阶段背景。得益于农村经济体制改革，全国多数农村地区在 20 世纪 80 年代实现了经济快速增长，大量农村人口基本上解决了温饱问题。但普适性的制度安排却带来了非均衡性的增长结果，那些自然环境恶劣、资源禀赋差、经济社会发展基础薄弱的地区与沿海发达地区的发展差距逐渐拉大。这些地区多数位于经济发展相对落后的中西部地区，特别是 18 个集中连片贫困地区，全国绝大多数贫困人口分布在这些地区（韩嘉玲等，2009）。中国农村贫困问题已经从改革开放之初的普遍性贫困演变为区域性贫困，广义上的经济增长为主、适当救济为辅的扶贫策略难以产生较好的减贫效果。基于这一判断，中央政府明确了区域瞄准的扶贫策略，以贫困县作为区域扶贫的基本单位，力争在"七五"期间增强连片贫困地区的自我积累和内生发展能力，解决区域性贫困问题。

2. 举措与成效。这一阶段的主要措施有：一是，1986 年成立专门的扶贫工作机构，即国务院贫困地区经济开发领导小组（1993 年改称国务院扶贫开发领导小组），具体负责组织、领导、协调、监督、检查贫困地区的经济开发工作，使农村扶贫开发工作走向规范化、制度化、专业化，标志着我国的扶贫工作由道义帮扶转变为制度性扶贫。同时，基于农业部县级农村收入数据和人均粮食指标，综合考虑区域和政治因素，确定了 331 个国家重点扶持贫困县，享受国家财政补贴。二是，以贫困县为瞄准对象，国家给予扶贫资金、以工代赈、贴息贷款等政策优惠，利用当地的自然资源进行开发性生产项目和基础设施建设，以期逐步形成贫困地区和贫困人口的自我积累与内生发展能力，依靠自身能力解决温饱问题、实现脱贫致富（凌文豪和刘欣，2016）。国家的针对性政策如扶持能够为贫困户提供就业机会的生产性项目、动员政府机构和社会企业广泛参与扶贫开发等，标志着中国开始在全国范围内开展有计划、有组织、大规模的扶贫开发活动。

从反贫困理念看，开发式扶贫继承了以经济发展来解决贫困问题的理念假设，认为通过外部资源的投入来增强贫困地区自身"造血"能力，进而促进地区经济增长来带动贫困人口脱贫。与上一阶段相比，开发式扶贫政策已经有了更具体、更直接的反贫困含义，对促进贫困地区发展和缓解贫困也发挥了一定作用，贫困人口减少至 1993 年的 8000 万左右。客观地讲，减贫速度有所减缓，且返贫现象有所增加。究其原因，一方面同期农村经济增长速度放缓，涓滴效应减弱；另一方面，剩余的贫困人口脱贫难度增大。这些因素抵消了一部分减贫成效。

3. 存在的问题。以区域为瞄准对象，扶贫资源在"自上而下"的纵向传递过程中，出现了诸多问题。一是，一部分贫困人口无法享受国家扶贫资源。该阶段国家扶贫资源以贫困县为单元进行投放，生活在国家贫困县之外的贫困人口（约 30%）则无法分享扶贫资源。贫困县也没有针对贫困村和贫困户制定更详细的资源分配方案，往往将扶贫资源平均分配给农村居民，降低了扶贫资源的针对性和减贫效应。二是，扶贫资金效益低下。国家财政拨付的扶贫资金需要省、市、县、乡镇、村多个层级向贫困户传递，由于扶贫专项资金管理、监管、核查制度不完善，在资金下拨与管理过程中，出现挪用现象，渗漏严重，扶贫资金使用效率大打折扣。特别是贫困县财政困难，扶贫资金被用于创办县乡企业，结果是"以扶贫项目带动经济发展和贫困户脱贫"的开发式扶贫战略演变为"贫困地区工业化项目"的开发式发展战略，贫困人口很少能从中获得就业机会或其他利益（韩嘉玲等，2009）。三是，缺乏部门之间的协调机制和自下而上的反馈机制。新成立的扶贫部门，只有实现扶贫目标的责任，没有调配与管理扶贫资源的权力，较难协调掌握扶贫资源的同级部门，影响扶贫政策的执行效率。此外，未能建立通畅有效的"自下而上"的反馈机制，贫困人群的差异化诉求不能及时反馈到扶贫部门，降低了扶贫措施的有效性。

（三）解决温饱的攻坚式扶贫（1994—2000 年）

1. 阶段背景。进入 20 世纪 90 年代中期，中国东西部经济发展差距逐渐拉大，农村贫困特征随之发生变化，贫困人口分布表现出明显的空间集聚特征，主要集中在自然条件恶劣、基础设施薄弱、社会发育落后的中西部干旱区和山区。面对新的贫困形势，在深刻总结上一阶段扶贫经验的基础上，国务院于 1994 年制订并实施《国家八七扶贫攻坚计划》，提出用 7 年左右的时间，到 2000 年底基本解决农村 8000 万贫困人口的温饱问题，促进贫困地区经济和社会发展，逐步缩小东西部地区差距。这是新中国成立以来第一个有明确目标、对象、措施和期限的扶贫开发行动纲领。

2. 举措与成效。这一阶段的具体措施有：一是，重新确定国家重点扶持贫困县。根据当时的贫困人口分布特征与省区经济发展状况，重新确定国家贫困县 592 个，国家制定的扶贫措施主要围绕着 592 个贫困县来实施。二是，提出扶贫开发到村到户的工作思路，其核心是扶贫资金投放、扶贫项目安排等措施要具体落实到贫困乡、贫困村、贫困户。明确提出要多渠道增加扶贫投入，改善贫困村生产生活条件，重点扶持种养业和农产品加工业，目的是为了解决贫困户温饱问题。三是，加大扶贫资金投入。通过财政投入、贴息贷款、以工代赈等途径，加大对贫困地区的资金投放力度。从 1995 年至 1999 年投放的扶贫资金增加了 1.63 倍（黄承伟，2016）。同时，严格扶贫资金使用审计，严禁挤占和挪用，减少资金传递过程中的渗漏。四是，建立扶贫工作责任机制。为保证八七扶贫攻坚计划目标如期完成，明确了计划、农林、商贸、交通、科教、民政等部委的扶贫任务，建立了资金、任务、权利、责任"四个到省"的扶贫工作责任制。

该阶段扶贫开发的核心目标是解决贫困人口的温饱问题，对贫困成因机制与反贫困理念的认知，更多关注在经济维度层面。但从具体举措看，扶贫对象更聚焦，扶贫措施更有针对性。总体上看，这一阶段将扶贫到村到户的微观措施和促进中西部经济发展的宏观政策相结合，对缓解农村贫困产生了积极效应，农村贫困人口由 8000 万减少至 3209 万人，贫困发生率降低到 3.4%（汪三贵等，2017），基本实现了"八七扶贫攻坚计划"的战略目标。

3. 存在的问题。该阶段的扶贫政策在实施过程中也存在着一些问题：一是，注重经济维度，忽视提升贫困人口抗风险能力。囿于经济贫困论理念，该阶段仍是将发展区域经济、提高贫困人口收入作为扶贫政策的核心目标。一方面，对于贫困人口来讲，增加收入、实现温饱仅仅是解决了眼前问题，缺少健康和生活等方面的基本社会保障，其勉强温饱的生计状态是极其脆弱的，不可预测的灾难和风险（如自然灾害、疾病、突发情况等）极易让他们返贫。另一方面，从长远角度看，通过教育来改善贫困家庭的人力资本状况，阻断贫困的代际传递，才能彻底帮贫困户摆脱贫困。但由于教育体制改革以及农村教育资源投入相对不足，农户的教育支出反而增加，制约了贫困户稳定脱贫（韩嘉玲等，2009）。二是，开发式扶贫项目客观上存在贫困排斥现象。扶贫开发项目是扶贫资源投入的基本载体。在项目安排上，具有相对区位优势和资源优势的贫困村更容易被安排扶贫开发项目，而地处偏远、生产条件较差的贫困村则可能获得较少的项目机会，但这些村庄往往是贫困人口集中、贫困发生率高的地区。在项目安排过程中，客观上将一部分贫困村和贫困人口排除在外。在农户参与方面，扶贫项目客观上要求参与者具备必要的劳动能力和生产技能，不可避免地将一部分贫困人口（年老、疾病、残疾等）排斥在外。三是，扶贫信贷政策偏离预期目标。金融资源是提高贫困户自我发展能力的优质资源，但也是贫困户难以取得的宝贵资源。贫困户素质相对偏低，经营能力较差，缺少风险抵押资产，银行出于利润和风险考量，往往不愿意将贷款发放给贫困户。最终，扶贫信贷异化为传统农业信贷，受益者成为富裕农民和农业企业，偏离了政策预期目标。

（四）巩固温饱的参与式扶贫（2001—2010 年）

1. 阶段背景。进入新世纪，区域差距、城乡差距以及农村内部的贫富差距问题，成为新世纪中国经济社会发展面临的主要挑战。同时，经过前两个阶段的扶贫开发，农村贫困问题也发生明显变化：区域性、绝对贫困转变为分散的点状分布和相对贫困，收入型贫困为主转变为多元贫困为主，农村贫困不再仅仅是区域经济发展不足的问题，而逐渐演变成阶层性贫困问题。在此背景下，2001 年中国政府颁布并实施《中国农村扶贫开发纲要（2001—2010 年）》，目的是尽快解决剩余贫困人口的温饱问题，进一步改善贫困地区的基本生产生活条件，巩固扶贫成果，为达到小康水平创造条件。这标志着中国农村扶贫开发工作进入新阶段。

2. 举措与成效。在继承和改进上一阶段扶贫政策措施的基础上，本阶段在扶贫举措上有了进一步突破。一是，实行整村推进开发扶贫。新时期，农村贫困人口更加分散，且以往扶贫项目存在瞄准偏离与贫困排斥现象，贫困瞄准重心必需下沉到村组，同时强调群众参与。以村为单位进行贫困识别，全国共识别出 14.8 万个贫困村，覆盖了全国 80% 的农村贫困人口（韩嘉玲等，2009）。贫困村确定后，以农民为主体，采用参与式方法自下而上地编制本村扶贫开发规划，重点确定基础设施改善、特色增收产业培育和村庄公共服务提升等方案。二是，注重提升贫困人口文化素质，扩大劳务输出。加强贫困地区基础教育、职业教育、技能培训等教育资源投入，提升贫困人口的文化素质与劳动技能，并通过东西劳务协作的方式，积极引导农村劳动力外出务工、增收脱贫。三是，推行易地扶贫搬迁。按照试点先行、逐步推广的思路，把居住在生存条件恶劣、自然资源贫乏地区的特困人口搬迁到其他地区发展，并要求细致地做好搬迁后的各项工作，确保搬得出来、稳得下来、富得起来。四是，实施农村最低生活保障制度。为解决部分尚未实现温饱的贫困人口的生计问题，2007 年全国实施农村最低生活保障制度，对于改善贫困人口生活质量、巩固温饱成果起到了很大作用。

在继承以往开发式扶贫理念的基础上，该阶段开始注重生产生活条件的改善以及教育、医疗、社保等公共服务供给，体现了中国扶贫开发理念的重要转变。国家统计局数据显示，到 2010 年中国贫困人口减少至 2688 万人，贫困发生率下降至 2.8%。

3. 存在的问题。随着扶贫政策的落实与实践工作的推进，扶贫工作中也涌现出一些新问题：一是，通过劳动技能培训来提高贫困人口的技能和素质，促进农村劳动力转移，获得更多的非农就业机会，实现自主增收脱贫。但也应看到，过多强调农村劳务输出，使得农村青壮年劳动力大量外流，贫困地区的开发与建设缺乏必要的主体，并导致农村空心化、老龄化等问题。同时，由于城乡一体化的配套机制改革滞后，外出务工人员由于教育程度、社会联系、家庭生活、文化隔阂、行为习惯与风俗差异等原因，难以真正融入到城市生活，进而引发了一些新的社会问题。二是，易地扶贫搬迁后的贫困户可持续生计问题（何得桂和党国英，2015；王晓毅 a，2016）。易地扶贫搬迁，搬迁是手段，脱贫是目的。地方在执行搬迁政策过程中，容易将其异化为任务式搬迁（彭玮，2017），倾向于无土安置和集中安置，尽管贫困户完成了空间转移，但其生计能力并未得到明显提高，家庭生计方式不能实现较快转变，可持续生计陷入窘境。三是，

农村 "低保" 对象的不精准问题。实际上，农村中的贫困家庭往往处于弱势地位，相当一部分 "低保" 名额被村干部、强势农户、关系农户等申请获得，还有部分农户在申请过程中隐瞒财产、钻制度空子拆分户口以及养懒汉现象等（赵福昌等，2007；邓大松和王增文，2008），严重影响 "低保" 制度的公正性和保障功能。

（五）保障与发展并重的精准扶贫（2011—今）

1. 阶段背景。进入新时期，中国农村贫困人口的分布特征演变为：一方面，贫困人口分布更加分散化、碎片化；另一方面，贫困人口进一步向深石山区、高寒区、民族地区和边境地区集中，空间上呈现出明显的 "孤岛效应"（刘彦随等，2016；李裕瑞等，2016）。这部分贫困人口数量仍很庞大、贫困程度深、脱贫难度大，少部分地区的贫困发生率仍在15%以上，部分贫困人口面临的是多元化贫困问题。经过多年的努力，中国扶贫开发工作总体上已经从以解决温饱为主要任务的阶段转入巩固温饱成果、加快脱贫致富、改善生态环境、提高发展能力、缩小发展差距的新阶段。同时，中国也面临着到2020年全面建成小康社会的紧迫任务。这些因素客观上要求中国扶贫开发理念与实践思路需要转变。在此背景下，新一轮的《中国农村扶贫开发纲要（2011—2020年）》颁布，并提出：到2020年，稳定实现扶贫对象不愁吃、不愁穿，保障其义务教育、基本医疗和住房（即 "两不愁，三保障"），消除绝对贫困。2013年 "精准扶贫" 理念提出，2015年《中共中央国务院关于打赢脱贫攻坚战的决定》将精准扶贫、精准脱贫确定为新时期中国农村脱贫攻坚的基本方略。

2. 举措与成效。在精准扶贫理念指导下，中国实行区域瞄准和个体精准相结合的方式推进扶贫工作。区域瞄准对象是14个集中连片特困地区、832个贫困县和12.8万个贫困村，个体精准具体是通过精准识别、精准帮扶、精准管理来实现精准脱贫（汪三贵等，2017）。精准扶贫要求做到扶贫对象精准、项目安排精准、资金使用精准、措施到户精准、因村派人精准、脱贫成效精准（即 "六个精准"），坚持分类施策，因人因地施策，因致贫原因施策，因贫困类型施策，通过扶持生产和就业发展一批，通过易地扶贫搬迁安置一批，通过生态补偿脱贫一批，通过教育扶贫脱贫一批，通过社会保障兜底一批，确保到2020年现行标准下贫困人口全部脱贫，贫困县全部摘帽，解决区域性整体贫困。

在继承以往扶贫举措的基础上，该阶段在扶贫政策措施方面又有了新的创新：一是，贫困对象的精准识别和建档立卡。即按照统一的标准，通过规范的程序和方法，找出真正的贫困村、贫困户，了解贫困状况，分析致贫原因，摸清帮扶需要，建立贫困基本信息档案，并纳入全国扶贫信息网络系统统一管理，实现了贫困人口的动态管理，是精准扶贫的基础。二是，强化并落实驻村帮扶工作机制。加强贫困村驻村工作队和第一书记的选派力度，并完善帮扶干部的管理、监督、考核、激励机制，做到选派精准、帮扶扎实、成效明显、群众满意。三是，构建综合性的脱贫攻坚制度体系。自 2015 年《决定》出台后，两办相继出台了 12 个配套文件，各部门出台 173 个政策文件或实施方案，各地也相继出台和完善"1 + N"的脱贫攻坚系列文件，涉及产业扶贫、易地扶贫搬迁、劳务输出扶贫、交通扶贫、水利扶贫、教育扶贫、健康扶贫、金融扶贫、农村危房改造、土地增减挂钩指标、资产收益扶贫等（刘永富，2017），形成了包含保障型、支持型和发展型的综合性扶贫政策体系。四是，建立了成效考核和贫困退出机制。省级党委和政府对扶贫开发工作负总责，并从减贫成效、精准识别、精准帮扶、扶贫资金四个方面建立扶贫开发工作成效考核指标体系和第三方评估机制。贫困退出包括贫困人口退出、贫困村退出、贫困县退出，贫困人口退出的衡量标准是年人均纯收入和"两不愁、三保障"指标，贫困村和贫困县退出以贫困发生率为主要衡量指标。

精准扶贫理念指导下的脱贫攻坚，注重从生计保障、能力提升、扶贫开发等多层面对贫困人口和贫困地区进行帮扶，是多维反贫困理念的具体体现。这一阶段，新标准下的农村贫困人口从 2012 年末的 9899 万人减少到 2019 年底的 551 万人，贫困发生率从 2012 年的 10.2% 降低至 0.6%[①]，取得了巨大的脱贫成效。

3. 存在的问题。在 2020 年全面建成小康社会的百年目标倒逼下，该阶段的扶贫开发工作采取了诸多超常规举措，成效显著，但在执行过程中也出现了一些问题：如精准识别的贫困排斥与靶向偏离现象（温丽和乔

---

① 数据引自《2019 年全国农村贫困人口减少 1109 万人》，新华网，2020 – 01 – 24. http://www. xinhuanet. com/politics/2020 – 01/24/c_ 1125498602. htm。

飞宇，2017；李博和左停，2017）、易地扶贫搬迁的生计保障问题（彭玮，2017）、产业扶贫项目的"精英捕获"现象（许汉泽和李小云，2017）、驻村帮扶成效差异化明显（王晓毅 b，2016；覃志敏和岑家峰，2017）、少数扶贫干部的不正之风等等。由于相对完善的考核评估机制以及国家迅疾的针对性措施，这些问题均能在较短的时间内得到改善，为如期完成脱贫攻坚目标提供保障。

表 1 - 1　　　　　　　　　中国扶贫开发实践的阶段特征

阶段	贫困特征	扶贫目标	减贫理念	主要措施	减贫成效
1978—1985 广义扶贫	全国大面积贫困	促进农村经济增长	单一经济维度	农村土地与经济制度改革；救济式扶贫措施	贫困人口从 2.5 亿减少到 1.25 亿左右
1986—1993 开发式扶贫	区域性贫困；18 个集中连片贫困区	解决区域性贫困问题	经济维度	成立专门的扶贫机构；资金投入与实施项目开发	贫困人口减少至 1993 年的 8000 万
1994—2000 攻坚式扶贫	贫困人口空间集聚；中西部干旱区和山区	解决 8000 万人的温饱问题	注重经济维度	重新确定国家贫困县；扶贫开发到村到户；加大资金投入与审核	贫困人口减少至 2000 年的 3209 万
2001—2010 参与式扶贫	分散的点状分布；多元贫困、阶层贫困	巩固扶贫成果，为实现小康创造条件	开始关注贫困个体的生存与发展	整村推进、参与式扶贫；素质提升与劳务输出；易地扶贫搬迁与低保政策	贫困人口减少至 2010 年的 2688 万（贫困标准提升）

续表

阶段	贫困特征	扶贫目标	减贫理念	主要措施	减贫成效
2011—今 精准扶贫	分布更加分散化、碎片化，在空间上出现"孤岛效应"	2020年现行标准下全部脱贫	多维贫困综合治理	五个一批工程；落实驻村帮扶；构建综合性扶贫政策体系	贫困人口减少至2019年底551万（两不愁、三保障）

第三节　中国精准扶贫理论体系创新

中国扶贫实践经历了不同阶段，扶贫理念也从单一经济维度（开发式扶贫、攻坚式扶贫）逐渐转向多维贫困的综合治理（精准扶贫）。这与贫困理论研究的脉络是一致的。随着中国经济快速发展和综合国力的提升，扶贫实践工作稳步推进，农村贫困特征与阶段性减贫目标也随之发生变化。扶贫开发的战略思路基本上按照先宏观尺度的"区域整体"，再到微观尺度的"精准突破"；先"解决温饱"保障生存，再转为"全面小康"持续发展的逻辑演进。与之相对应，政策供给也从追求公平的小规模救济式扶贫政策，转变为促进区域发展、解决农民温饱的开发式扶贫政策，再到生存保障型、支持发展型、综合开发型"1 + N"的多层次精准扶贫政策体系，是扶贫理念演变的具体表现。

（一）精准扶贫理念与政策体系

精准扶贫是与粗放扶贫相对应的，是指针对不同贫困区域环境、不同贫困农户状况，按照科学有效的程序对扶贫对象进行精准的识别、帮扶以及退出的治贫方式。经过数十年的扶贫减贫工作实践，新时期我国贫困问题的总体特征已经有了明显变化：从区域层面看，农村贫困化出现"孤岛效应"（刘彦随和李进涛，2017），城市和发达地区的经济增长所产生的"涓滴效应"已十分微弱；从贫困人口特征看，按贫困程度大体表现为扁平式结构分布，同时具有相对集中性、致贫原因多样性、生计脆弱性、动态变化性等特征；从扶贫投资与政策供给层面看，其效能出现明显的"递减效应"。在这种背景下，实施精准扶贫政策，根本目标是确保到2020年全面建成小康社会，其核心要义是"扶真贫、真扶贫"，即改变过去"大水漫灌"的粗放式扶贫方式，将扶贫政策与措施下沉到村、到户，通过对贫困农户和贫困人口的精准帮扶，从根本上解决导致贫困发生的各种障碍因素，彻底拔除"穷根"，实现真正意义上的脱贫致富。

按照扶贫过程划分，精准扶贫政策的内容体系主要包括精准识别、精准帮扶、精准管理和精准考核四方面（图1-1）。其中，精准识别是指按照一定的评判标准和规范的识别程序，对贫困村和贫困户进行识别，并在此基础上建立全国统一的"建档立卡"数据库，是扶贫工作的基础依据；精准帮扶是按照分类施策原则，在"五个一批"工程的指导下，因地制宜地安排具体的帮扶措施，实现贫困人口稳定脱贫，是扶贫工作的核心内容；精准管理要求实现"六个精准"，即从识别、帮扶、退出等扶贫全过程都要精准，是实施精准扶贫政策的内在要求与重要保障；精准考核应实现三大机制创新，即贫困县与贫困人口退出机制、扶贫工作成效考核机制、第三方评估机制（张琦和史志乐，2016），是提升精准扶贫工作成效的重要手段。精准扶贫理念与政策体系实现了扶贫对象精准化、帮扶措施具体化、管理过程规范化、考核目标去GDP化（王介勇等，2016），能够适应我国贫困治理形势的变化，是新时期扶贫开发政策的重大战略转型与创新。

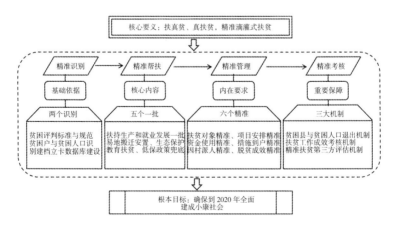

图1-1　精准扶贫政策的内容体系

（二）精准帮扶：扶贫的核心内容

精准帮扶是扶贫过程的关键环节与核心内容。在精准识别贫困户和贫困人口的基础上，根据贫困主体的基本特征和致贫原因采取针对性的措施进行有效帮扶，分类施策、因贫施策，帮扶措施下沉到户、精准到人，重点通过发展生产脱贫一批、易地扶贫搬迁脱贫一批、生态补偿脱贫一批、发展教育脱贫一批、社会保障兜底一批。"五个一批"工程分别对应不同的帮扶对象，适用于不同的贫困情况。

1. 发展生产脱贫一批：主要帮扶具有一定劳动能力的贫困人口，若发展特色产业往往还需具备一定的专业技能，同时要有相应的基础设施条件支撑和土地、资金、政策支持；该措施被认为是一种根本性的脱贫途径，能够促进贫困户和贫困地区内生式发展，农民可以得到相对稳定的工资性收入，可称之为初次分配脱贫路径。

2. 易地扶贫搬迁脱贫一批：主要是针对生活在"一方水土难养起一方人"的地区（即生态环境差、不具备基本发展条件的地区）的农村贫困人口，如深石山区、生态脆弱区、灾害频发区、生态保护区、资源开采沉陷区等地区，是精准扶贫的有力抓手和重要举措；但该措施牵扯面广，涉及迁出地的土地利用与生态重建、安置点建设与设施配套、搬迁人口的生计保障与社会融入等问题，操作起来相对复杂，关键问题聚焦在搬迁人口的生计安全保障，需要产业扶贫、职业教育等其他措施配套，避免重搬迁、轻脱贫的现象。

3. 生态补偿脱贫一批：对于生存条件差、生态系统重要、需要保护修复的地区，结合脱贫攻坚和生态环境保护，通过生态保护补偿机制创新、发展特色生态产业等途径，实现生态脱贫；该措施一方面通过确权赋权，赋予农民更完整的生态资产权益，通过补偿机制获得资产性收益，另一方面通过创新产业发展思路，发展绿色特色产业，提供绿色就业岗位，增加农民的工资性收入，实现贫困户稳定脱贫，可认为是改革赋权脱贫路径。

4. 发展教育脱贫一批：通过加大贫困地区教育经费投资，改善贫困地区的教学条件，免除贫困户家庭学生高中阶段、中职教育的学杂费，提高教师的生活补助，大力发展职业教育，扶贫先扶智、治贫先治愚，阻断贫困的代际传递；该措施是普适性政策措施，主要依赖政府财政投资，同时鼓励社会组织（如职业学校、培训机构、用人企业等）积极参与，是一种"政府投资＋社会参与"的脱贫路径。

5. 社会保障兜底一批：是指对完全丧失或部分丧失劳动能力的贫困人口的政策性保障，强化其基本生活和医疗保障，不让一个贫困群众掉队；这是一种针对性的政策措施，属于再次分配脱贫路径，但在基层实践中可能会引发村内矛盾以及"养懒汉"现象。

表 1-2　　　　精准帮扶"五个一批"工程的基本属性

扶贫措施	帮扶对象	适用情况	基本特征	脱贫路径
发展生产脱贫	有劳动能力的贫困人口	有条件的贫困地区，土地、资金、财税等政策	发展产业、增加就业内生式发展、根本性措施	初次分配路径
易地扶贫搬迁脱贫	不具备基本发展条件地区的贫困人口	深石山区、生态脆弱区、灾害频发区、生态保护区、资源开采沉陷区	搬迁人口的生计安全保障，需与其他帮扶措施相配套，避免重搬迁、轻脱贫	政府主导路径
生态补偿脱贫	重要生态保育区的贫困人口	生态脆弱区，生态保护区	生态补偿，资产性收益，实现就业，工资性收入	改革赋权路径
发展教育脱贫	贫困地区的受教育人口	所有贫困地区	普适性政策，扶贫先扶智，阻断贫困代际传递	政府投资＋社会参与路径
社会保障兜底	无劳动能力的贫困人口	所有贫困地区	针对性政策，"养懒汉"现象，易引发村内矛盾	再次分配路径

（三）精准帮扶的减贫成效

到 2020 年我国现行标准下农村贫困人口实现脱贫、贫困县全部摘帽、解决区域性整体贫困，是"精准扶贫、精准脱贫"方略的目标任务。精准扶贫以来，我国取得了显著的减贫成效，中国减贫方案得到国际社会的普遍认可，这对于中国乃至全世界都具有重要意义。

一是，农村贫困人口持续减少。按照现行扶贫标准计算，农村贫困人口从 2012 年末的 9899 万人减少为 2019 年底的 551 万人，累计减贫 9348 万人，连续 7 年每年减贫 1000 万人以上；贫困发生率由 10.2% 降至 0.6%，共减少 9.6 个百分点（表 1 - 3）。

表 1 - 3　　　　2012—2019 年农村贫困人口与贫困发生率变化

年份	年末贫困人口数（万人）	年末贫困发生率（%）	年度减贫人口数（万人）	年度贫困率下降（百分点）
2012	9899	10.2	—	—
2013	8249	8.5	1650	1.7
2014	7014	7.2	1235	1.3
2015	5575	5.7	1439	1.5
2016	4335	4.5	1240	1.2
2017	3046	3.1	1289	1.4
2018	1660	1.7	1386	1.4
2019	551	0.6	1109	1.1

注：根据国家统计局、国务院扶贫办网站公布数据整理。

二是，贫困县摘帽有序推进。2016 年 9 个省（市）的 28 个贫困县申请脱贫摘帽，于 2017 年通过国家专项评估检查，由省级政府正式批准退出。这是中国扶贫历史上首次实现贫困县数量净减少。2017 年 20 个省（市）的 125 个贫困县脱贫摘帽，2018 年有 283 个贫困县脱贫摘帽（汪三贵和冯紫曦，2019）。2019 年已有 165 个贫困县通过评估检查实现脱贫摘帽，179 个正在进行退出检查。截止到 2020 年 2 月底，全国 832 个贫困县中已有 601 个宣布摘帽，剩余的 52 个将于年底申请退出，贫困县退出率将近 95%，区域性整体贫困基本得到解决。

　　三是，贫困群众收入大幅提升，生活质量显著提高。坚持开发式扶贫理念，以产业扶贫和就业扶贫为主抓手，支持贫困户家庭劳动力通过发展产业或务工就业来实现脱贫。"建档立卡"的贫困人口中，90％以上得到了产业扶贫和就业扶贫支持，三分之二以上主要靠外出务工和发展产业脱贫，工资性收入和生产经营性收入占比上升，转移性收入占比逐年下降，自主脱贫能力稳步提高。全国建档立卡贫困户人均纯收入由2015年的3416元增加到2019年的9808元，年均增幅30.2％。贫困人口的"两不愁"质量水平明显提升，"三保障"突出问题总体解决（习近平，2020）。

　　四是，贫困地区基础设施与公共服务设施条件明显改善。国家统计局数据显示，截止到2018年底，贫困地区82.6％的自然村村内主干道经过硬化处理；87.1％的农户所在自然村有幼儿园，89.8％的农户所在自然村上小学便利；93.2％的农户所在自然村有卫生站和村医；93.6％的农户饮水无困难（国家统计局，2019）。深度贫困地区的贫困村通宽带比例达到98％，960多万贫困人口通过易地扶贫搬迁摆脱了"一方水土养活不了一方人"的困境（习近平，2020）。总体上看，贫困地区居民出行难、上学难、看病难、吃水难、通信难等长期未得到解决的难题普遍解决，实现了义务教育、基本医疗、住房安全有保障。

　　五是，贫困地区经济社会发展快速转型，基层治理能力有效提升。一方面，在贫困地区坚持以脱贫攻坚统揽经济社会发展全局，大力支持和培育扶贫产业，如特色种养业、特色手工业、乡村旅游、光伏产业、电商扶贫等产业快速发展，实现传统农业向多元化产业转型，贫困户就业增收渠道明显增多，经济活力和发展后劲显著增强。另一方面，精准扶贫以来全国共派出25.5万个驻村工作队、累计选派290多万名县级以上党政机关和国有企事业单位干部到贫困村和软弱涣散村担任第一书记或驻村干部（习近平，2020），贫困地区的基层组织得到加强，基层干部的治理能力得到提升，为实施乡村振兴战略奠定了坚实的组织保障。

第四节　中国扶贫实践的经验与启示

　　中国农村扶贫开发实践过程，总体上呈现出：从追求公平的小规模救济式扶贫转变为促进区域发展、解决农民温饱的开发式扶贫，再到保生存与促发展并重的综合性扶贫开发和精准扶贫阶段，演进脉络是清晰的。反贫困理念也经历了从单一经济维度向多维贫困治理的转变，与之相对应的扶贫开发战略和政策体系具有明显的阶段性。改革开放以来中国扶贫实践的不断推进，逐渐形成了具有显著特征的中国特色扶贫开发道路，为全球减贫理念与实践的发展做出重大贡献。

（一）中国扶贫实践的经验特征

1. 减贫理念：坚持开发式扶贫策略

中国仍处于社会主义初级阶段，发展是第一要务，解决中国的所有问题，根本途径是要依靠发展。经济发展是推进减贫事业、改善民生的基础，没有经济高速发展和综合国力持续提升，大规模的减贫是不可能实现的。贫困是自然、经济、社会、政治、文化等多方面因素长期相互作用并积累传递的结果，解决贫困人口的温饱问题必须与贫困地区的综合开发结合起来。改革开放以来的中国扶贫实践，始终坚持开发式扶贫策略，并将消减贫困作为重要的发展目标纳入国家经济社会发展宏观战略目标中，成为大幅度减少贫困人口的决定性因素。开发式扶贫注重提升贫困地区与贫困人口的自我积累和内生发展能力：一是，改善贫困地区的发展条件，加强交通、水利、电力等基础设施建设，重视科教卫文事业发展，解决制约发展的突出问题；二是，坚持把发展特色种养业作为扶贫开发的重点，将扶贫开发与资源保护、生态建设结合起来，开发优势资源，培育壮大特色产业，增强"造血"功能和可持续发展能力；三是，提升贫困人口素质，通过普及义务教育、职业技能培训、农业实用技术培训等，增强贫困人口增产转岗就业能力；四是，积极推进农业产业化、贫困地区劳务输出，拓宽贫困人口的增收渠道。通过以上举措的推进，开发式扶贫成为贫困地区转型发展、贫困人口脱贫致富的主要途径。

2. 资源投入：形成大扶贫开发格局

改革开放以来，中国扶贫开发在实践过程中逐渐形成了政府、市场、社会协同推进的大扶贫格局。在国家启动正式的农村扶贫开发工作之前，市场企业、社会组织也已经参与到农村领域的减贫事业，对于促进农村经济发展、救助弱势群体发挥了积极作用（凌文豪和刘欣，2016）。自1986年中国启动有组织、有计划、大规模的农村扶贫开发以来，在充分发展政府主导作用的基础上，不断加强引导市场企业、社会组织参与农村脱贫攻坚，逐渐形成了多元主体共同参与的大扶贫格局。作为扶贫主体，政府、市场、社会在减贫过程中所起到的作用不尽相同。政府具有强大的政治动员和资源整合能力，能够在资源调配、政策供给、人员选派、动员宣传等方面投入大量人力物力，包括纵向的资源投入和横向的扶贫协作，在扶贫开发工作中起主导作用。市场是"看不见的手"，能够在贫困地区的产业培育和发展过程中，通过宏观调控和效益引导，实现区域经济发展，并惠及贫困人口增收脱贫。社会中蕴含着丰富的扶贫资源，社会组织和人民团体具有灵活性、高效性的特征优势，能够有效参与特殊贫困地区、特殊贫困群体的专项帮扶与救助。因此，政府、市场、社会三方力量相互融合、相辅相成，共同促进贫困地区发展和贫困人口脱贫。

3. 政策供给：构建综合性减贫体系

贫困认知是反贫困理论框架和政策体系的基础。当前，贫困呈现出不同的表现面向和多元化形态，因此解决贫困问题也需要多元化、多层次、多方面的综合性治贫方式。改革开放以来，中国扶贫开发的政策演变是由经济发展水平、反贫困理念认知、国内贫困发展特征等多方面因素共同决定的，其过程呈现出明显的阶段性特征。至此，形成了专项扶贫、行业扶贫、社会扶贫"三位一体"的扶贫战略框架和生存保障型、支持发展型、开发型的综合性扶贫政策体系。具体地讲，国家安排专门资金、各级扶贫部门组织实施既定项目的专项扶贫，各行业部门履行本行业职能并适当向贫困地区投资倾斜的行业扶贫，以及社会各界共同参与的社会扶贫，从不同层面增加扶贫资源，提高了扶贫效率与减贫成效。通过生存保障型政策保障贫困人口（特别是无劳动能力的贫困人口）的基本生存需要，改善其生活质量、降低生计脆弱性；通过支持发展型政策改善贫困地区的基础设施条件和生产生活环境，提升贫困人口的综合素质水平，促进扶贫对象的自我积累和内生发展能力；通过开发型扶贫政策合理开发区域优势资源，培育和扶持特色产业发展，促进贫困地区经济增长和贫困人口就业增收。总体上，综合性的减贫政策体系为持续推进脱贫攻坚提供了坚实保障。

4. 能力提升：重视参与式扶贫过程

微观层面看，区域经济发展和收入结构调整是贫困群体脱贫致富的基础，但不是脱贫的充分条件，贫困群体的发展能力提升和生计资本积累对其脱贫至关重要。改革开放之初的一段时期内，主要通过外源性干预式的扶贫举措来缓解农村贫困，而忽视贫困主体的主动性、创造性和参与性，实践证明这种方式容易导致扶贫项目供给偏离贫困需求。随着扶贫实践的推进，参与式扶贫理念受到重视并成为中国扶贫开发的基本原则之一，注重将外源性干预与贫困群体的自力更生、苦干实干相结合，引导贫困人口积极参与扶贫过程，逐渐形成了政府主导投入、社会参与帮扶、贫困人口自力更生的扶贫思路。在扶贫开发过程中，充分尊重贫困群众的主体地位，通过教育扶贫、技能培训等具体措施，扶智又扶志，提升贫困群众的人力资本和综合素质能力，激发其脱贫的主动性和创造性；引导贫困群众参与扶贫开发过程，如参与基础设施建设规划、扶贫开发项目选择等，确保每个贫困户都有增收项目或增收渠道，培育贫困主体的参与意识和参与能力，提高参与式扶贫的整体水平。同时，建立了贫困人口的利益与需求表达机制，保证贫困群众对扶贫开发过程的知情权、参与权和监督权。外源式扶贫与内生性发展相结合，成为中国扶贫开发的重要经验。

（二）中国扶贫实践的世界启示

1. 制度优势：强力的政府主导，能够高效整合资源

消除贫困、实现共同富裕，是社会主义制度的本质要求。新中国成立以来，党和国家领导人始终重视农村贫困问题的治理和解决，将反贫困作为巩固社会主义制度的基础。可以说，中国政府的高度重视是取得巨大减贫成效的重要前提。在扶贫实践中，坚持党委领导、政府主导，从中央到地方逐级强化和压实各级政府的扶贫责任，构建省、市、县、乡、村五级书记抓扶贫的工作体系，充分体现了中国政治制度的优势。政府通过行使强有力的行政权力和政治动员，能够快速高效地整合起来庞大的人力物力财力，并完全主导这些扶贫资源的分配与传递，各级政府及扶贫相关部门行使扶贫资源管理、使用、监督的主体责任。同时，实行扶贫开发目标责任制和考核评价、督查问责制度。强有力的政府主导工作体系以及正向的政治激励机制与严肃的考核问责机制成为中国扶贫实践的根本性特征，为实现扶贫开发战略目标提供了坚实的组织保障。

2. 明确定位：将扶贫开发纳入到国家宏观发展战略

中国是世界上最大的发展中国家，所处的发展阶段决定了发展是解决一切问题的基础。新时期，农村贫困问题更趋复杂，这就决定了减贫与治贫是一项综合性、系统性工程。改革开放以来，中国扶贫开发实践始终坚持在国家经济社会发展过程中实现农村减贫脱贫的理念与思路，并将扶贫开发计划纳入到国家经济社会发展的整体战略布局中，如与国家五年发展规划、中长期发展规划、区域开发政策等相结合，一定程度上扩大了专门性扶贫政策的减贫成效。当前，中国的扶贫开发已经不仅仅是贫困地区经济发展和贫困人口收入增长的问题，而是与中国全面建成小康社会的百年奋斗目标进程紧密相连。因此，国家不断提升扶贫开发的战略定位，并将其上升到国家"四个全面"战略布局和实现第一个百年奋斗目标的战略高度。中国扶贫开发的理念思路与战略定位为全世界发展中国家推进减贫事业提供了有益借鉴和实践范本。

3. 科学规划：制定目标明确的扶贫规划且坚定执行

中国扶贫开发实践进程是由国家经济发展水平、贫困/反贫困理论认知、农村贫困变化情况等因素综合决定的，其演进过程表现出明显的阶段性特征。每个阶段，政府均会根据当时的农村贫困特征，综合考虑国家投入能力，在总结上一阶段扶贫开发经验教训的基础上，制定目标明确、举措清晰、操作性强的计划或规划，至今先后制定并实施了区域瞄准的开发式扶贫计划（1986—1993 年）、《国家八七扶贫攻坚计划（1994—2000年)》、《中国农村扶贫开发纲要（2001—2010 年)》、《中国农村扶贫开发纲要（2010—2020 年)》以及《关于打赢脱贫攻坚战的决定》。扶贫规划是一段时期内扶贫开发的总体思路与行动方案，坚定不移地执行规划则是实现既定目标基本要求。政府通过行使强有力的行政权力，层层压实扶贫责任，并建立政治激励和考核问责机制，调动起各级政府及扶贫相关部门的高效执行力，确保扶贫规划能够有效执行。

4. 改进机制：及时创新与完善扶贫开发制度体系

中国扶贫开发实践过程涉及到决策、规划、执行、管理、监督等各个方面和环节，在实施过程中，不可避免会出现一些需要改进的问题，如扶贫目标的瞄准尺度和有效性问题，扶贫资源的传递、管理、渗漏、监管问题，区域差异与扶贫模式效率问题，扶贫投资侧重硬件设施还是软环境问题，扶贫绩效科学评估与考核监管问题，等等。但是，中国政府在扶贫开发历程中能够及时总结、创新、完善扶贫开发制度体系，逐渐形成中国特色的扶贫开发道路。如扶贫理念方面，从广义扶贫、救济式扶贫转变为开发式扶贫再到参与式扶贫和精准扶贫；政策措施方面，从小规模的物资救济到开发式扶贫政策再转变为保障型、支持型、开发型并重的综合性政策体系；扶贫方式上，政府在对象瞄准、资源传递、成效评估等方面逐渐改进具体的实施方式，不断提高精准度和效率。总之，在减贫治贫实践中不断学习和借鉴国外其他国家、地区、组织的扶贫模式与措施方法，成为中国扶贫开发的重要特征。

第二章　山西省农村贫困的基本特征与减贫策略

掌握区域农村贫困特征与变化趋势是开展精准扶贫工作的基础前提。本章在了解山西省农村贫困分布特征、关键举措、减贫成效等总体情况的基础上，运用实地调查的问卷数据，从农户微观视角分析贫困户的基本特征，包括家庭收支情况、劳动力状况、受教育水平、患病与医疗、对脱贫的主观认知等方面；从贫困村层面，考察村庄的道路、学校、医疗卫生、生活用水、公交、网络等基础设施状况，分析其支撑农户脱贫和村庄发展的水平。

第一节　山西省农村贫困的总体概况

（一）山西省农村贫困分布特征

1. 贫困县空间分布

山西是全国扶贫开发重点省份。全国有 14 个集中连片特困地区，山西省就有吕梁山、燕山—太行山两个特困区；全省 117 个县级行政单位中，有扶贫开发工作任务的县 103 个，其中贫困县 58 个，非贫困县 45 个。贫困县包括国定贫困县 36 个、省级贫困县 22 个。这些贫困县大多是革命老区县，集中分布在西部吕梁山区、东部太行山区和北部高寒冷凉区三大区域（图 2－1）。2014 年建档立卡时，农村贫困人口 329 万人，贫困发生率为 13.6%；贫困村 7993 个，占行政村总数的 28.5%①。

---

① 引自《山西要闻：山西 64.9 万贫困人口实现脱贫》，山西省人民政府网站，http://www.shanxi.gov.cn/yw/sxyw/201901/t20190124_ 515223. shtml.

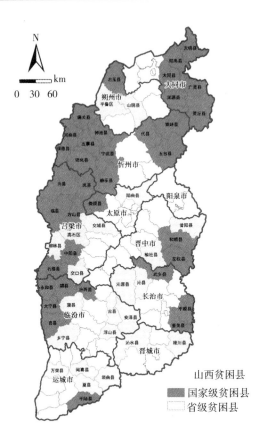

图 2-1   山西省国家级与省级贫困县空间分布

2. 集中连片贫困特征

山西省的吕梁山、燕山—太行山两大集中连片特困地区共涉及 4 个地市 21 个县，是山西省革命老区最多、贫困人口最集中、贫困程度最深、攻坚难度最大的地区，区域性整体贫困问题尤为突出。因此，解决好两大片区的区域性贫困问题对于山西省脱贫攻坚至关重要。

燕山—太行山片区涉及山西省大同、忻州两市 8 县（大同市 6 个：阳高、天镇、广灵、云州区、灵丘、浑源；忻州市 2 个：五台、繁峙），总面积 1.6 万平方千米，共辖 97 个乡镇，2380 个行政村。截至 2017 年底，片区有贫困村 614 个，占全省的 19.4%；贫困人口 18.3 万，占全省的 20.3%，贫困发生率 10.8%，分别比全国高 7.7 个百分点，比全省高 6.9

个百分点。2017 年共有 9.4 万人脱贫，219 个贫困村退出①。

吕梁山片区涉及吕梁、忻州、临汾 3 市 13 县（吕梁市 4 个：兴县、临县、石楼、岚县；忻州市 4 个：静乐、神池、五寨、岢岚；临汾市 5 个：吉县、大宁、隰县、永和、汾西），共辖 146 个乡镇、2841 个行政村，国土总面积为 2.26 万平方公里，是山西贫困人口最集中、农民收入最低、贫困程度最深的区域。2014 年建档立卡时，片区内共有贫困人口 80.5 万人，占片区农村总人口的 42.9%；农民人均纯收入 4979 元，只相当于全国平均水平的 57.8%、全省平均水平的 64%。截至 2017 年底，片区有贫困村 964 个，占全省 30.4%；贫困人口 26 万，占全省 28.8%；贫困发生率 13.9%，比全国高出 10.8 个百分点，比全省高出 10 个百分点②。吕梁山片区自然条件恶劣、生态环境脆弱，人均耕地不足 2 亩，区内沟壑纵横，植被稀少，年均降水量只有 400 毫米左右，水土流失面积占国土面积的比例、干旱贫瘠坡耕地占耕地面积的比例都在 80% 以上，农业基础设施建设滞后，脱贫攻坚的难度很大③。

3. 深度贫困特征

"深度贫困"是脱贫攻坚战中的艰中之艰、难中之难。2017 年 6 月，山西省确定偏关、宁武、静乐、兴县、临县、石楼、永和、大宁、天镇、广灵等 10 个县为深度贫困县，其中吕梁山片区 6 个、燕山—太行山片区 2 个，决定在未来几年采取超常规举措，向深度贫困县发起"总攻"。据统计，截至 2017 年底，山西 10 个深度贫困县有贫困人口 26.2 万，占全省贫困人口的 29.1%；贫困发生率 15.4%，比全省高 11.5 个百分点，最高的石楼、大宁两县，分别为 24.6% 和 21%，农民人均可支配收入全省最低④。

深度贫困县认定依据综合考虑贫困人口规模、贫困发生率、农民人均可支配收入等指标，统筹评估自然条件、产业基础以及义务教育、基本医

---

① 引自《山西省脱贫攻坚参阅资料》。

② 同上。

③ 引自《吕梁山连片特困地区：扶贫效果显著形势仍严峻》，新浪山西，2015 - 09 - 15. http：//shanxi. sina. com. cn/economy/qyjj/2015 - 09 - 15/ec - ifxhtvkk5855934. shtml.

④ 引自《山西要闻：山西 10 个深度贫困县两年减贫 25 万余人》，山西省人民政府网站，http：//www. shanxi. gov. cn/yw/sxyw/202002/t20200205_ 763572. shtml.

疗、住房安全等因素。深度贫困村的认定依据包括"一方水土养不好一方人"、需要整村搬迁的村庄，全省共认定 3350 个深度贫困自然村。深度贫困人口是社会中弱势群体的主体，认定依据包括因病、残、灾、年龄、家庭主要劳动力失去劳动能力等因素，全省共认定 28.47 万深度贫困人口（部分人口不在 10 个深度贫困县中）。山西省的这些深度贫困县，贫困人口不仅规模大、分布广，而且致贫原因复杂，产业基础薄弱、基础设施落后、公共服务不足、生态脆弱与深度贫困相互交织等矛盾仍很突出，实现脱贫难度很大。

（二）山西省精准扶贫政策举措

为全面打赢脱贫攻坚战，山西省坚决落实精准扶贫基本方略，确保扶真贫、真扶贫、真脱贫。扶贫对象精准识别，决不能出现有车、有商品房、有出租商铺的"贫困户"；科学制定扶贫项目，脱贫效果到村到户；扶贫资金使用，精准拨付到户、到人、到项目；扶贫措施因人因户施策，因贫困原因施策、因贫困类型施策；脱贫成效，将实行贫困户脱贫和贫困村、贫困县摘帽退出机制，有效防止返贫现象的发生。

山西省按照"五个一批工程"理念，对"十三五"期间脱贫攻坚任务做出了明晰的战略安排。具体来看，从产业扶持、资本扶持、技能扶持入手，帮助 115 万左右的贫困人口通过发展生产和就业创业，实现增收脱贫；对需要易地搬迁的 45.2 万贫困人口，切实做到应搬尽搬、稳定脱贫；加大贫困地区生态治理力度，支持贫困群众直接参与重大生态工程建设，探索有利于贫困地区和贫困人口的生态环境保护补偿机制，加大采煤沉陷区治理力度，大力实施矿区生态修复；支持 30 万左右的贫困人口实现稳定转移就业增收脱贫；对 50 万左右完全或部分丧失劳动能力的农村贫困人口，多措并举保障兜底脱贫[1]。

近年来，山西省结合省情实际与贫困特征，制定了一系列精准扶贫精准脱贫的政策措施，构成脱贫攻坚政策库，成为全省推进脱贫攻坚的主要政策依据。政策库共包括十一个部分，分别为特色产业扶贫政策、易地扶贫搬迁政策、培训就业扶贫政策、生态补偿脱贫政策、社会保障兜底政

---

[1] 引自《山西省脱贫攻坚大会在太原召开》，《山西日报》2016 - 01 - 02。

策、基础设施改善政策、公共服务提升政策、社会力量帮扶政策、"一县一策"政策、脱贫攻坚保障政策、基本工作方法等（表2-1）。总体上看，政策库涵盖的政策种类具有多元化、多层次、多维度的基本特征，共同构成了生存保障型、支持发展型、区域开发型的综合性扶贫政策体系，有力保障了全省脱贫攻坚工作的顺利推进。

表2-1　　　　　　　　　　山西省脱贫攻坚政策体系

政策类型	政策数量	主要涵盖内容
特色产业扶贫	24	特色种植（中药材、水果、杂粮、蔬菜、花卉）、特色养殖（生猪、肉驴）、农产品深加工、电商扶贫、光伏扶贫、旅游扶贫等重点产业类型
易地扶贫搬迁	4	易地扶贫搬迁工作方案与指导意见、宅基地腾退复垦资金奖补、农村危房改造等方面
就业扶贫政策	20	就业信息平台、开发工作岗位、就业专项服务、劳务输出补贴、公共实训基地、职业创业就业技能培训、社会保险补贴等方面
生态补偿脱贫	6	干果经济林提质增效、退耕还林还草、造林绿化、设置护林员公益岗位等方面
社会保障兜底	15	代缴养老保险、农村低保、医疗保险与医疗救助、特殊群体关爱、困境儿童福利服务、农村贫困残疾人关爱、失能老年人护理补贴等
基础设施改善	7	国省道新改建和升级改造项目、农村公路建设专项转移、红色旅游公路建设、水利工程建设、清洁能源和电力扶贫、以工代赈等方面
公共服务提升	30	义务教育"两免、一补"、普通高中（中职）免学杂费、普通高中（中职）国家助学金资助、学前教育资助、大病集中救治、家庭医生签约服务、科技特派员制度、公共文化服务体系建设等

政策类型	政策数量	主要涵盖内容
社会力量帮扶	6	龙头企业培育壮大工程、农业产业扶贫项目库建设、5个酿造产业集群建设、扶持青年创新创业企业、希望工程中小学生奖学金、"千企帮千村"行动等
一县一策政策	1	关于"一县一策"集中攻坚深度贫困县的意见，主要包括10条政策
脱贫攻坚保障	48	财政政策：统筹整合使用财政资金、涉农资金资产收益、政策性贷款政策、扶贫小额信贷、返乡创业贷款、产业扶贫贷款贴息 土地政策：增减挂钩指标跨省交易、增加新增建设用地指标、保障光伏发电项目用地、专项安排易地扶贫搬迁安置用地 组织保障：党政正职稳定、选派干部挂职、贫困村第一书记全覆盖、驻村帮扶、"两包三到"政策等
基本工作方法	7	山西省脱贫工作成效考核办法、山西省脱贫攻坚督查巡查工作办法、山西省贫困退出实施办法、山西省脱贫攻坚责任制实施细则等

注：根据山西省扶贫办"脱贫攻坚政策库"整理。

（三）山西省精准扶贫减贫成效

山西是全国扶贫开发重点省份，曾有58个贫困县（区）、2个集中连片特困地区、7993个贫困村、329万贫困人口。精准扶贫以来，全省实施了一系列的减贫举措，经过几年来的奋力攻坚，2016年实现57万贫困人口脱贫；2017年实现15个县（区）"摘帽"，75万人脱贫；2018年实现26个贫困县（区）"摘帽"，64.9万贫困人脱贫；2019年是脱贫攻坚任务繁重的一年，包括10个深度贫困县（区）在内的剩余17个贫困县（区）全部"摘帽"，全年实现23.9万贫困人口脱贫[①]。截止到2020年2

---

① 引自《山西所有贫困县实现"脱贫摘帽"》，新华社，2020 - 02 - 28。

月底，山西省 58 个贫困县（区）全部摘帽，7993 个贫困村全部退出，现行标准下贫困人口减少到 2.16 万人，贫困发生率降至 0.1% 以下，区域性整体贫困问题基本得到解决，全省脱贫攻坚取得决定性成果。山西省明确要求，已脱贫退出县（区）严格落实"四个不摘"措施，进一步巩固脱贫成果，全面完成剩余贫困人口脱贫任务。

第二节　贫困户基本特征与脱贫对策

2016 年 7—8 月期间，山西大学城乡发展研究院以专职教师、博士生、硕士生为骨干力量，在全校招募调研员，组成 100 多人的调研团队开展了精准扶贫暑期专项调查。此次调查涉及山西省 20 个贫困县、85 个村庄，共获取有效贫困户问卷 749 份。基于实地调查数据，分析山西省贫困户群体的基本特征，为全省深入推进精准帮扶、分类施策提供有益参考。

（一）贫困户家庭基本特征

1. 超过一半的贫困户家庭劳动力很弱，67% 的受访者受教育水平为小学及以下，产业、培训等"造血式"帮扶难度大

数据分析表明，有效问卷中家庭无劳动力的贫困户占比为 27.3%，家庭仅有 1 个劳动力的贫困户占比 26.2%，二者合计达 53.5%（图 2 - 2）。可见，超过一半的贫困户家庭劳动力很弱。从贫困户的受教育水平来看，66.7% 的受访农民学历为小学及以下，学历水平为高中及以上的占比仅有 10.0%（图 2 - 3）。总体上，这类贫困户因劳动力数量短缺、家庭成员受教育水平低下，导致家庭劳动能力和农村发展主体弱化，对于产业扶贫、教育培训、转移就业等造血式扶贫措施的接受能力十分有限，在扶贫过程中出现帮扶措施"消化不良"的现实问题，所以此类扶贫项目实施难度较大，成效有限。

2. 贫困户家庭纯收入分化明显，超五成家庭纯收入低于 2000 元，处于深度贫困状态

根据评估调查数据，按照贫困户家庭年人均纯收入情况将其划分为六种类型：一是极度贫困户，家庭年人均纯收入低于 1000 元，占样本总量的 20.8%。二是重度贫困户，家庭年人均纯收入介于 1000—2000 元，占

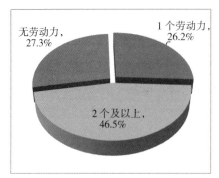 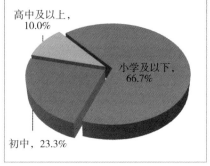

图 2 - 2　受访贫困户家庭劳动力情况　　　图 2 - 3　受访农民受教育水平

比 31.6%。极度和重度贫困户处于深度贫困，比例超过五成，是扶贫攻坚的重点对象。按照 2010 年不变价，2020 年我国贫困线标准将达到 4103元，今后几年其年均纯收入增长率必须达到 15.5%，才能到 2020 年实现脱贫，这就要求采取超常规的扶贫方式重点突破，未来几年扶贫攻坚难度将不断加大。三是中度贫困户，家庭年人均纯收入处于 2000—2500 元，占 12.2%。四是轻度贫困户，家庭年人均纯收入为 2500—3000 元之间，处于贫困线（2855 元）附近，占 10.5%。五是贫困边缘户，家庭人均纯收入在 3000—5000 元，占 17.1%，这部分农户近期基本能够实现脱贫，但返贫风险也较大。中度、轻度和边缘贫困户为一般贫困户，帮扶工作相对容易，扶贫成效也易显现。六是特定贫困户，家庭人均纯收入达到5000 以上，但是由于家庭有在校大学生、患有重病、住房难以保障等基本保障问题没有得到很好解决，目前仍处于贫困状态，该类型农户占7.8%（图 2 - 4）。

　　3. 七成以上的深度贫困户家庭收入以务农收入和政府补贴为主要来源

　　调查数据显示，深度贫困户（家庭人均纯收入低于 2000 元）中，41.5% 的贫困户家庭首要收入来源为"政府提供的生活保障金"，34.0% 的贫困户家庭首要收入来源为"务农收入"，说明生活保障金和务农收入是低收入贫困户的家庭收入主要来源。可见，超过七成的深度贫困户家庭以政府补贴和务农收入为主要收入来源，由于该类贫困户家庭成员在年龄、劳动技能等方面处在劣势，家庭成员外出务工的占比很低。单一的、相对落后的生产方式决定了贫困户的收入来源和渠道非常有限，增收、脱

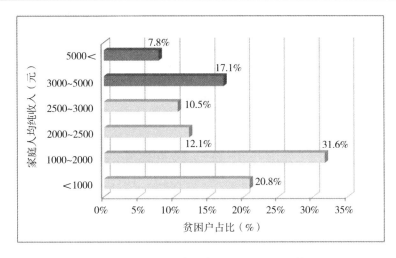

图 2 - 4　受访贫困户家庭人均纯收入分化情况

贫困难，在脱贫攻坚中需重点关注。对于一般贫困户而言，务工收入是家庭收入的主要来源。人均纯收入高于 5000 元的贫困户中，以务工收入为主的农户比例为 52.1%，而依靠生活保障金收入的农户占比 13.4%，表明随着贫困户家庭人均纯收入的增加，保障金对农户的重要性随之减小。中高收入贫困户的务农收入占比明显高于低收入贫困户，人均纯收入介于3000 至 5000 元的贫困户中农业收入所占比例最高，随着收入增长，农业收入重要性略有降低。

4. 衣食保障、医疗保健是贫困户家庭的主要支出项目

分析贫困户的家庭支出情况，受访贫困户中，64.4% 的农户表示家庭主要支出项目为"衣食保障"；62.3% 的农户认为"医疗保健"是主要支出项目；"文化教育"为主要支出的农户占比 25.9%。可见，衣食保障、医疗保健是贫困户的主要支出去向，超过六成的贫困户家庭收入主要用于最基本的生存保障，生活质量较难提高。在最低生活保障、医疗保障、高等教育等社会保障制度不够完善的背景下，农户因缺失基本的社会福利、社会救济而陷入社会贫困。调研中发现，农户对农村"低保"工作提出很多意见：存在"错保"、"漏保"、"人情保"、"关系保"等不良现象；有些地方出现村干部冒领、截留、挪用低保金的现象；更有甚者，虚构参保人员名单，瞒报迟报，以低保户名义骗取低保金；还存在办理农村"低保"手续时向低保户借机收取费用的现象。种种不规范行为导致"该

保未保"、"该退未退"，社会保障金未用到需要的地方。

5. 80% 的贫困户家庭有患病人员，七成以上无力负担医疗费用，患病是主要致贫原因

问卷数据显示，有 51.0% 的贫困户家庭有慢性病患者，但能担负起医疗费用的占 30.6%；家庭成员有残疾人或重病病人的贫困户占比 35.8%，能担负起重病医疗费用的占 13.4%；仅两成的贫困户家中无患病人员（表 2-2）。可见，近四成的贫困户家庭有残疾人或重病病人，超过半数的贫困户家庭有慢性病病人，近七成贫困户无力负担残疾人和慢性病病人的医疗费，而无力负担重病病人医疗费的占比近九成，医疗费用成为贫困户家庭的主要支出和沉重负担。农村合作医疗为农民提供了基本医疗保障，但很多慢性病、大病的治疗费用不在报销范围内或报销比例很低，农民患病后整体医疗费用依旧很高，而贫困户收入偏低，医疗负担沉重。

表 2-2 受访贫困户家庭患病情况

患病类型	户数占比（%）	能负担医疗费用的户数（%）
有慢性病患者	51.0	30.6
有残疾或重病人员	35.8	13.4
无患病人员	13.2	—

（二）贫困户对家庭收入的认知

1. 农户认为家庭收入与去年相比变化不大

分析贫困户家庭收入变化情况，比较 2015 年与 2016 年家庭人均纯收入的变化，47.0% 的受访贫困户表示"增长了一些"，16.0% 的贫困户表示"减少了一些"；将二者归并为"变化较小"，合计占比 62.9%。受访贫困户中有 30.5% 的表示"没啥变化"。表示"增长很多"、"减少很多"的占比很小，分别为 4.0% 和 2.6%。总的来看，"变化较小"和"没啥变化"两类共计占比为 93.4%，表明与 2015 年相比，2016 年受访贫困户家庭增收并不明显（图 2-5）。就当年的情况看，原因在于：2015 年、2016 年全国基本上都在进行精准识别"回头看"工作，扶贫工作的主要

内容是完善"建档立卡"数据系统，产业扶贫、就业扶贫、技能培训等促进农户持续增收的帮扶措施尚未深入推进，贫困户家庭收入来源与转岗换业的能力并未发生明显变化，短期内贫困户家庭收入来源变化不大，所以增幅不明显。

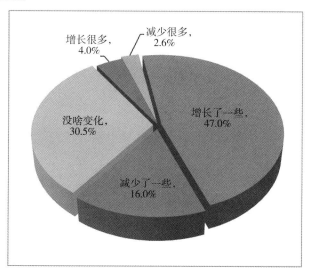

图 2 - 5 受访贫困户家庭人均纯收入 2015—2016 年变化情况

2. 农户认为收入增加是脱贫的主要原因

明晰贫困户脱贫的原因，有利于针对性地开展帮扶工作。问卷调查数据表明，脱贫户的脱贫原因中，"发展特色农业"、"劳动力获得工作"、"提高教育水平" 等选项占比排前三位，比例依次为 83.33%、33.33%、16.67%。相应地，受访农户认为 "居住环境得到改善"、"家庭健康得到改善"、"获得了劳动技能" 等选项对于脱贫影响不太大，获得的频次为后三位。调研中，不少贫困户也反映家庭收入来源主要依靠农业生产，开支较大的主要是孩子的教育费用。据此，培育和发展特色农业（种养殖业），加强教育扶贫和医疗扶贫，是帮助贫困户脱贫的主要路径。

3. 近四成的贫困户认为 5 年内可以实现脱贫

分析贫困户对脱贫年限的认知情况，受访农户中，11.6% 的贫困户认为 3 年之内可以实现脱贫；23.1% 的贫困户认为 3—5 年内可以实现脱贫；21.5% 的贫困户认为实现稳定脱贫需要 6—10 年；还有 10.0% 的贫困户认为实现脱贫至少需要 10 年以上。此外，还有 33.8% 的受访贫困户对何时能实现脱贫表示无法估计（图 2-6）。据此看，仅有 35% 左右的贫困户对 5 年内实现脱贫有信心，多数贫困户对短期内实现脱贫信心不足。当然，随着各项扶贫政策的出台与实施，扶贫力度逐年加大，绝大多数贫困户的脱贫信心均会明显增强。

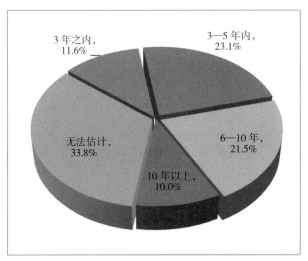

图 2-6　受访贫困户对脱贫年限的认知

（三）贫困户对脱贫主体的认知

1. 贫困户认为政府帮扶和自身努力是脱贫的关键

调查数据显示，43.9% 的贫困户认为能否实现脱贫政府的帮扶非常重要；43.2% 的贫困户认为实现脱贫更多地需要依靠自身努力；还有 11.5% 的贫困户认为村庄发展可以有效带动贫困户脱贫；此外，还有个别贫困户认为脱贫需要依靠亲友帮助。总体上看，近九成的贫困户期望通过政府帮扶和自身努力实现脱贫，但对于村庄整体发展带动贫困户脱贫的期望不是太高。因此，政府的精准帮扶和有效引导在后续的扶贫工作中将会十分重要。

2. 贫困户受教育水平越高，依靠自身努力脱贫的比例越高

对受访贫困户的受教育水平和实现脱贫依靠的主体进行交叉分析，结果显示：①不同受教育水平的贫困户均表示要实现成功脱贫主要依靠"政府的支持"和"自身的努力"。②受教育水平分别为小学、初中、高中的贫困户表示脱贫要依靠"政府支持"的比例分别为58.1%、52.7%、25.6%，总体上呈现出逐渐下降的趋势。③与之相反，表示想依靠"自身努力"的比重分别为35.5%、30.9%、59.0%、64.71%，总体上呈现出逐渐递增的趋势。数据分析表明，贫困户的受教育水平越高，表示会依靠自身努力实现脱贫的比例越高，会依靠政府支持的比例越低。

3. 贫困户收入水平越低，依靠政府支持脱贫的比例越高

对受访贫困户收入水平和实现脱贫依靠的主体进行交叉分析，低收入、中低收入、中高收入的贫困户表示脱贫要依靠"政府支持"的占比依次为57.6%、43.6%、27.3%，总体上呈现为逐渐下降的趋势；与之相反，表示要依靠"自身努力"的占比依次为30.3%、38.5%、63.6%，即家庭收入水平越高，期望依靠"自身努力"实现脱贫的比例越高。据此表明，低收入贫困户更期望获得"政府支持"，收入相对较高的贫困户更希望通过"自身努力"来实现脱贫。该结论对于分类指导贫困户实现脱贫具有启示意义。

4. 晋北、晋中地区贫困户脱贫更期望依靠政府支持，晋南地区更希望依靠自身努力

从晋北、晋中、晋南三大区域看，晋北地区的贫困户脱贫期望依靠"政府支持"、"自身努力"、"村庄发展"、"亲友帮助"的占比依次为51.0%、36.7%、12.2%、0%。晋中地区的四类选项占比依次为55.6%、33.3%、11.1%、0%。晋南地区的四类选项占比依次为31.8%、54.0%、11.1%、3.2%（表2-3）。可见，晋北、晋中地区的四类选项占比接近，均表现为依靠"政府支持"的比例高于依靠"自身努力"的比例；而晋南地区则是依靠"自身努力"实现脱贫的农户占比高于依靠"政府支持"的占比。据此可见，晋北、晋中地区的贫困户对政府的依赖程度比晋南地区的高，这也对全省帮扶政策提出差异性的需求。

表2-3　　　　晋北、晋中、晋南对脱贫主体的认知（%）

三大地区	政府支持	自身努力	村庄发展	亲有帮助
晋 北	51.0	36.7	12.2	0.0
晋 中	55.6	33.3	11.1	0.0
晋 南	31.8	54.0	11.1	3.2

（四）贫困户稳定脱贫的对策建议

1. 结合农户自身能力与需要分类施策，精准帮扶

山西省贫困户多数劳动力较弱，学历大部分是初中及以下，且主要以务农为主，对培训、转移就业等造血式扶贫接受能力相对较差，制定和执行扶贫政策时应充分考虑农户自身的需求与接受能力。

一是，对于劳动能力较弱、受教育水平较低、接受能力较差的中老年农户主要通过加强生活保障性资金的扶持力度、不断完善基础设施建设、改善其生活条件等输血式扶贫政策来帮助其实现脱贫。选择其他扶贫项目时，充分考虑这部分贫困户的自身能力，主要从他们自身熟悉的农业方面入手，创新农业发展的模式与方式，提高农业产出效益和承载能力。如发展高效农业和特色农业、企业投入项目，吸引农户劳动力入股等方式。

二是，对于占比不高、受教育水平为高中及以上、接受能力比较强的青壮年家庭，则要结合农户自身的意愿、能力与需求对其进行培训，采用造血式扶贫政策。充分发挥生态补偿、转移就业、异地搬迁、基础设施等多个项目的扶贫作用。将不同就业需求的贫困户进行分类，同时加强实用性知识讲解，调动农户自我发展意愿，提高其发展能力，实现自主经营、自主发展。企业提供多条渠道，实现劳动力转移就业，政府对这部分容纳贫困户转移就业的企业进行嘉奖，吸引更多社会力量参与精准扶贫。

2. 针对不同收入水平的贫困户，开辟多条增收渠道促脱贫

结合"五个一批"实施精准化因村因户帮扶，对于家庭人均纯收入低于2000元且具有劳动能力的贫困户，采取超常规的帮扶措施：一是广泛开展职业培训、自主创业培训和农业技术培训，增强该类贫困群体的自身发展能力；二是建设完备的农村医疗体系，宣传和培养健康的生活习惯，根治小病、预防大病和慢性病。

对于居住在生态脆弱区、采煤沉陷区的贫困群体，采取生态移民搬迁和生态资源资产化等多种渠道增加贫困户收入。加快推进农村土地制度、金融制度、社会保障制度等多项制度改革，在农村土地确权的基础上，盘活农村土地，建设农村宅基地、生产性用地流转市场，建立完善的农村土

地作价入股机制。

对于丧失劳动能力的低收入重度贫困户：一是优先流转其空置、废弃宅基地和无力耕作的土地，或将土地作价入股换取生活保障，增加其资产性收入；二是进一步完善农村医疗保障体系，加大大病救助力度，采取有力措施预防和治疗各类地方病。大力推进贫困村基础教育设施建设，加大教育扶贫力度，提高贫困村基础教育普及率，做到"扶贫先扶智，扶智必扶志"，彻底消除贫困的代际传递。

3. 加大慢性病与大病医疗政策力度，创新分级诊疗制度，阻断因病致贫

医疗费用是贫困户的沉重负担，也是其致贫的主要诱因，贫困户要想实现脱贫，因病致贫问题必须得到有效解决。在进一步提高基本医疗保障水平的基础上，加大农村贫困人口慢性病与大病医疗救助力度，关注重点地区、重点人群、重点病种，切实解决因病致贫、因病返贫问题。

一是，创新"大数据＋慢性病/大病"的跟踪管理模式。基于"建档立卡"数据库与互联网技术，优先为患有慢性病或大病的贫困人口建立电子健康档案，动态跟踪其入院治疗、病情变化、医疗消费等信息，及时掌握贫困人口的健康状况。

二是，实现农村贫困人口慢性病与大病的分类治疗。在建立电子档案的基础上，以县为单位对需要治疗的大病和慢性病患者进行分类救治，特别是对于医疗负担较重、社会影响较大、疗效确切的地方性疾病进行集中治疗，减轻贫困大病患者的费用负担。同时，对贫困县县级医护人员进行专业培训，为贫困农户中的患病人员提供精准的健康帮扶措施。

三是，加快建立高效率的分级诊疗制度。强化乡村基层医疗卫生机构的治疗能力，统筹构建分级诊疗平台、完善分级诊疗标准，创新"基层首诊、双向转诊、急慢分诊、上下联动"的分级诊疗模式，实现县级医院和基层医疗机构的合理分工协作，提高医疗服务体系的整体效率。同时，实行县域内农村贫困人口住院先诊疗后付费和一站式结算，减轻贫困户的看病成本。

4. 强化义务教育保障水平，增加高职、大学阶段的扶贫政策供给

扶贫先扶智，提高贫困户家庭年轻成员的受教育水平和专业技能，减少"没文化、没技能、没想法、没信心"的"四无"人口比例，破除贫

困代际传递。

一是，增加贫困户义务教育补贴，提升贫困县义务教育保障能力。由于农村人口变化和基础教育资源整合，部分贫困村的学生需要到乡镇或中心村去上学，客观上造成求学不便，增加了贫困户家庭教育支出。建议在贫困县设立专门的教育扶贫项目或基金，对需要走读或住校的贫困户学生给予交通、住宿、伙食等方面的补贴，降低教育负担。

二是，建立灵活多样的家访机制，加强"控辍保学"力度，保障贫困户家庭子女接受义务教育。部分义务教育阶段的学生，由于家长常年外出务工，日常生活缺少父母关爱，容易产生叛逆、厌学心里。学校应建立灵活多样的家访制度，责任老师可采取走访、电访等多种方式了解学生思想，确保其顺利完成学业。

三是，加大职校、大学等教育阶段的扶贫政策供给，提高贫困户子女的求学机会。对于高中、职校、大学等教育阶段的学生，由于助学措施相对较少，容易产生因家庭经济压力原因导致的辍学。建议贫困县加大中高等教育阶段的助学范围与力度，畅通助学绿色渠道，并出台专项政策和指导细则，鼓励社会人士与组织助学。

5. 改善贫困县基础设施条件，大力支持特色产业发展

一是，加大贫困地区基础设施建设，改善产业发展环境。山西省贫困县大多地处太行、吕梁山区，区位条件较差，对外交通不便、市场信息不畅、基础设施缺乏，严重制约着当地产业发展。因此，后续的扶贫资金可适当向基础设施领域的项目倾斜，加大山区贫困县高速路、等级公路、通乡镇通行政村道路建设力度，支持特色农产品的仓储、包装、运输等设施配套，改善贫困县产业发展环境，增强贫困地区对外交流与合作。

二是，发展特色产业，创新发展模式，带动农民就业增收。发展产业是扶贫开发的核心和最有效的措施。以贫困县基础设施条件改善为前提，整合自身优势资源，瞄准市场定位，发展特色产业。扶持具有市场开拓能力的大中型农产品加工企业，到贫困地区建立原料生产基地，形成"公司＋农户"、"农民经济组织＋农户"的产业化经营模式。引入"互联网＋"模式，将特色产业通过媒体、互联网等方式推广销售。加强贫困地区农产品批发市场建设，进一步搞活产品流通。

第三节　贫困村基础设施状况与建议

基于问卷调查数据，深入分析山西省贫困村庄的基础设施建设状况，为有效实施产业扶贫、促进贫困村内生发展或易地搬迁扶贫、提高山区贫困人口生活质量等提供有益参考。

（一）贫困村基础设施的基本状况

1. 八成贫困村实现了村村通，60%的村庄未开通公交线路，老百姓出行不便

山西省贫困地区大多处于太行、吕梁山区，地形复杂多样，道路交通基础设施建设仍显滞后。从贫困村道路情况看，有八成的贫困村实现了村村通（即通到行政村），近三成的贫困村未实现组组通（即通到自然村）和户户通。在通村道路硬化方面，有两成的村庄道路硬化比例低于50%，田间道路硬化率更低。同时，近六成的贫困村尚未开通公交线路，村民出行极为不便。客观地看，多数贫困村地处偏远山区，距离乡镇、县城较远（距离乡镇10公里以上、距离县城30公里以上），区位条件较差，而且同一行政村的不同自然村相对分散，道路设施建设成本是平原区的数倍之多。在农村道路建设资金有限的情况下，只能优先保障通行政村道路建设，通自然村道路以及路面硬化情况就相对较差了。

2. 超五成村庄没有小学和幼儿园，上学距离较远，增加了贫困户家庭教育开支

山区贫困村资源禀赋较差，村庄规模小、人口少，随着农村人口结构变化、人口外流，教育资源整合很大程度上优化了资源配置、提高了办学质量，但客观上也造成部分村庄小孩上学困难增加的事实。调研发现，超过50%的贫困村由于教育资源撤并整合而没有小学，六成以上的村庄没有幼儿园，部分村庄的幼儿园建设严重违规、资质不全、设施简单、安全隐患众多。在上学距离方面，一半的村庄到最近小学的距离在3公里以上，近四成的村庄到最近初中的距离在5公里以上，甚至两成村庄到最近初中的距离超过10公里，上下学路途较远，求学不便，不仅增加了农户家庭的教育开支，甚至引发辍学。

3. 贫困村的医疗设施条件差，专职医护人员数量少，基本医疗保障能力有待提高

农村的基本医疗保障是贫困户脱贫的核心指标之一（两不愁、三保障），是保障民生的重要内容。在调研的有效样本中，仍有20%的贫困村没有卫生室；设有卫生室的贫困村中，42.9%的村庄仅有1名专职医务人员，不到六成的村庄医务室病床数少于2张。此外，有计生服务站的村庄占比54.3%，有私人诊所的村庄占比34.3%。数据分析表明，山西省贫困地区的基本医疗设施条件仍处于较低水平，专职医护人员数量少，对农村居民的基本医疗保障能力十分有限。

4. 四成村庄尚未通自来水，有线电视和网络的覆盖率较低，外界信息获取难度大

通电和通自来水是提高农民生活水平的基本公共服务供给，通有线电视和通网络是提高农民生活质量和与外界信息交流的必要服务。在通电方面，近九成的贫困村实现了电路户户通，基本上能够保证农民日常用电需求，但个别窝铺农户可能存在用电难的情况。在通自来水方面，六成左右的贫困村基本上实现了自来水户户通，但仍有一成村庄尚未实施自来水工程。在通有线电视方面，三成多的村庄有线电视用户占比在村庄总户数的一半以下，仍有10%的村庄尚未开通有线电视。在通网络方面，仅一成左右的受访村庄通网络的农户占比超过本村总户数的50%，大部分村庄通网络的农户比例较低。数据表明，贫困地区开通有线电视和网络的农户比例较低，阻碍了村庄与外界的信息交流。

（二）完善贫困村基础设施的建议

1. 改善贫困村道路交通条件，打通农民致富路

道路是村庄对外交流与发展的命脉，完善贫困地区农村道路网，可以从以下几方面着手：一是，增加农村道路密度与硬化程度。在原有道路基础上，实施"窄路加宽"和通村组路（连通25户以上的自然村）建设工程；加大田间道路硬化比例，方便农业耕作与农产品的外销。二是，开通人口密集贫困地区公交线路。在了解贫困村庄农户出行的需求与偏好的基础上，在关键交通节点设置公交站点，根据出行需要增减公交行路次数；加大乡村公交扶持与补贴力度，吸引私人营运车辆、新农巴士在参与贫困

地区公交线路的运营。三是，对村小人少环境差的贫困村进行异地搬迁。对于村庄规模小、人口少、生存环境差的部分偏远地区，可以实施异地搬迁政策，通过完善城乡建设用地增减挂钩政策，把结余土地指标流转出去，让农村土地增值，既解决了农户的出行难题，又能为搬迁农户新居建设、基础设施建设和扶贫产业发展提供有力的资金支持。

2. 提高教育扶贫措施精准度，强化义务教育保障能力

随着农村学生的流失，乡村中小学撤并，导致部分村庄学生上学难；农村幼儿教育的蓬勃发展造成监管难，无资质的幼儿园对幼儿带来诸多安全隐患。建议从以下几方面入手，解决农村基础教育困境。一是，兼顾生源与校舍密度，避免上学路途过远。随着农村生源的流失，学校撤并成为必然，但应综合考虑学校生源、村庄距离、学校密度等因素，避免某些村庄距学校过远，给学生上学造成困难。二是，增加学校寄宿名额、提高寄宿补助。对于确实比较偏远，设立学校又比较困难的地方，要增加学校寄宿名额；同时为减少教育负担，要加大对寄宿学生的补助，或者对寄宿的贫困家庭学生给予适当补贴。三是，加强幼儿教育监管，严格办学条件。加强对办园资质的考核，设定硬性规定一票否决制；对于不达标的幼儿园要求限期整改，整改不合格的取消办园资格；加强对幼儿园的监管，消除安全隐患。

3. 加强医疗基础设施建设，多方发力解决看病难

加强基础设施建设，建立对口帮扶机制。加大基层医疗卫生基础设施建设，实现村庄医务室的全覆盖；对于人口基数较大的村庄按比例适当增加医务人员与病床数量；建立大型医院对口帮扶机制，使贫困户在家门口就可以享受到高质量的医疗保障，降低外出就医费用。盘活乡村医生，解决基层看病难。建立生活补助、诊疗费和公共服务费一体的村医收入支持计划，增加村医收入；根据村医在村服务年限发放养老补助；建立新老村医共同坐诊的"传帮带"机制，为村卫生室培养合格的后背力量。解决贫困地区群众看病难、看病贵与看病远等叠加困难的问题，切实做到"小病不出乡、大病不出县、疑难杂症再转诊"。发展"互联网＋医生"，建立病患动态机制。探索"滴滴医生"，通过互联网建立医患关系，实现未出门先挂号、线下就诊与后期跟踪随访的结合，精准到医生，告别盲目投医乱象；在村医务室设立服务点，方便不懂网络的患者操作。

4. 合理布设水、气设施，提高有线、网络覆盖率

实施农村自来水工程，解决贫困人口饮水安全问题。加大对贫困地区自来水工程的资金投入与技术投入，由水务部门组织强化水源开发与保护，结合贫困村庄实际情况，因地制宜地选择开挖深井、铺设自来水管道的输水方式；全面修缮自来水管道，同时加强对农户保护自来水管道的教育。积极实施农村电网改造，提高农户用电质量。优先实施贫困村农网改造升级工程，全面提高贫困村供电能力和供电质量，开展贫困村"低压电"综合治理；鼓励贫困村、贫困户利用废弃土地、荒山荒坡、建筑屋顶、农业大棚等，建设就地消纳的分布式光伏电站，促进贫困村、贫困户长久受益。推进农村通信网络建设，打造"互联网＋农业"的电商模式。由经信部门牵头，对贫困地区进行调查摸底，了解网络覆盖情况，对未通网络的村庄，积极制定规划；加快通信基础设施建设，提高电视通讯广告服务覆盖面，建成宽带融合、服务普遍的小康讯；推进邮政、商务、供销合作等系统在贫困乡村建立服务网点，推广"互联网＋特色农产品"电商模式，以互联网带动农民创业。

第三章 山西省产业扶贫的现实困境与发展建议

回顾改革开放四十年的农村扶贫开发历程，一个显著的特征是始终坚持政府主导下的开发式扶贫理念，这是由中国的基本国情和发展阶段所决定的。开发式扶贫主要是利用贫困地区的自然资源进行开发性生产建设，注重提升贫困地区和贫困户的自我积累与发展能力，实现从"输血式"扶贫向"造血式"扶贫的转变。产业扶贫是开发式扶贫的具体表现形式与核心内容，也是精准扶贫"五个一批"工程中的"第一批"。本章首先从宏观层面探讨新时代背景下产业扶贫的基本特征、共性问题及其创新趋向；然后基于实地调查数据，从村庄和农户两个层面分析产业扶贫的基本状况、贫困户对产业扶贫的认知与期望；依据实证分析结果，总结山西省产业扶贫的现实困境，并提出对策建议。

第一节 新时代产业扶贫的基本特征与创新趋向

产业扶贫是一种内生性、根本性的扶贫路径，并且由于其本身固有的灵活性、多样性和适应性，被贫困地区广泛采用（胡振光，2014）。总体上看，产业扶贫能够带动贫困户参与产业化经营（陈成文等，2018），促进贫困户就业增收脱贫（胡晗等，2018；王立剑等，2018），能够取得较好的减贫效果。但在地方实践过程中，贫困地区的产业发展也出现了诸多问题，例如政府主导的产业项目与贫困户需求脱节（范东君，2016）、贫困户参与产业扶贫程度低、产业发展需求与落后的基础设施之间的矛盾（李志萌，2016）、以种养业为主的产业同质化及产业持续发展等问题（汪三贵等，2015），使得产业扶贫政策未能实现预期成效。

实质上，产业扶贫的实践困境很大程度上存在于精准扶贫框架下，难免会受到精准扶贫"短期目标"的约束与影响。党的十九大报告提出乡村振兴战略，五大建设目标中"产业兴旺"被放在首位，是乡村振兴的经济基础。乡村地区从特色产业培育到产业多元化发展最终实现产业兴旺，需要一定的周期与过程，是长远的发展目标。对于贫困地区而言，当下正处在精准扶贫与乡村振兴的战略过渡期，仍将有大量的外部资源与要素流入到乡村地域，促进乡村产业的培育与发展。那么，基于产业兴旺的目标导向，贫困地区产业发展应着力突破哪些现实困境？如何增强乡村产业的市场竞争力和可持续发展能力，实现近期的增收脱贫目标与远期的产业兴旺目标有效衔接？本节主要探讨上述具有一般性的问题。

（一）产业扶贫与产业兴旺的特征及联系

1. 精准扶贫体系下的产业扶贫

产业扶贫的概念与内涵。从发展经济学的视角看，宏观层面通过一定的外部经济干预来促进区域经济增长，进而通过涓滴效应来减缓或消除农村贫困（徐月宾等，2007）。从改革开放以来的减贫治贫实践可以看出，我国的扶贫开发始终与促进区域经济发展密切相关的，而产业发展是区域经济发展的主要驱动力，产业扶贫政策的设计初衷即在于此。产业扶贫历来是我国扶贫开发的主要模式之一，特别是当前我国扶贫开发已经由大范围的扶贫转向集中连片特困地区扶贫攻坚的阶段，产业扶贫作为一种内生性、根本性的扶贫路径，并且由于其本身固有的灵活性、多样性、适应性，被各贫困地区广泛采纳。2016 年国务院印发《全国"十三五"脱贫攻坚规划》，将发展产业脱贫确定为最重要的扶贫路径。简单地讲，产业扶贫是指以市场为导向，以经济效益为中心，围绕贫困地区的某种资源、产品或服务，建立一套完整的经营方式、组织方式及生产链条，以产业发展为载体促进贫困地区转型发展、增加贫困农户收入的扶贫路径，实现"输血型"向"造血型"转变，是精准扶贫的战略重点和主要任务。产业扶贫是一种内生发展机制，目的在于促进贫困农户与贫困地区协同发展，根植发展基因，培植发展动力，阻断贫困发生的动因，是一个动态的持续过程。

产业扶贫的基本属性。产业扶贫具有差异性、层级性、关联性、内生性、持续性等多重属性。差异性是指不同的贫困地区在自然环境、资源禀赋、区位条件、市场特征等方面存在差异，从而决定了扶贫产业的不同。层级性是指发展扶贫产业可在县域、村镇、农户等不同层级产生不同的响应和效应，如在县域层面，促进县域产业转型和经济发展，增加资本积累能力；在村镇范围，需增加公共投资，改善基础设施条件，培育产业发展环境；在贫困户层面，提供就业岗位，提升人力资本，积极参与产业价值链的各个环节。关联性指的是扶贫产业的发展可带动其他相关产业的发展，促进贫困地区（贫困村）产业多元化，提高抵抗外部风险的能力。内生性是指产业扶贫能够为贫困人口提供就业岗位、促进贫困户增收，为贫困地区培育新的发展动力，促进贫困户和贫困地区内生式发展。持续性是指产业发展能够为贫困人口带来可持续的收益和生计能力的增强，使农民产生较强的获得感，提升扶贫的总体成效。产业扶贫的诸多本质性特征决定了其成为精准脱贫的基础性路径，同时也是易地扶贫搬迁、生态补偿扶贫、发展教育扶贫等帮扶措施的重要支撑。

产业扶贫的运行逻辑。产业扶贫的目标对象包括两个层面，即贫困农户与贫困地区。一方面，通过产业扶贫项目，引导贫困农户参与生产经营，增强农户的生计能力，带动农户就业增收与稳定脱贫。另一方面，通过培育和发展特色产业，激活发展新动力，促进贫困地区产业与经济转型发展。贫困地区的经济发展最终也会增加贫困人口的民生福祉，从这个意义上讲，产业扶贫的两个目标也是相统一的。同时，精准扶贫导向下的产业发展具有其特殊性。客观上，产业发展应以市场需求为导向，以追求利益最大化为核心目标，遵循的是市场化运行逻辑及经济规律。但是，产业增长的经济效益不是产业扶贫的单一目标，它还需要承担带动贫困户脱贫的社会责任，即不再是单纯的以追求利润为目标的生产经营活动。这种情况下，产业扶贫和贫困户形成一种"利益捆绑"与"责任连带"关系，是一种隐含的社会责任逻辑。因此，产业扶贫既要遵循市场逻辑，又要遵循社会逻辑，增加了产业发展的脆弱性和风险。

产业扶贫的典型模式。从扶贫实践来看，贫困地区基于当地资源禀赋，瞄准市场需求，发展特色产业，而所选产业多是以特色种植、养殖以及乡村旅游业为主。由于贫困群体自身发展能力的限制，贫困户参与扶贫产业往往需要新型经营主体的带动引领。因此，在扶贫产业的发展经营过程中，农业龙头企业、农民合作社、创业大学生等新型生产经营主体起到了重要的带动示范作用，并形成"公司＋合作社＋贫困户"、"园区＋贫困户"等不同的产业发展模式。在新型经营主体的带动下发展特色产业，一部分贫困户流出土地，将土地流转或租赁给农业公司进行生产经营，获得资产性收益；同时，以农业工人的身份受雇于农业企业从事专业化生产，获得工资性收入；另外，农民在参与专业化生产的过程中可获得更加科学专业的生产技能，提升自身发展能力。这种模式实现了三个转变：土地由低效分散利用转变为规模化高效经营，提高了土地产出效益；贫困户由传统农民转变为股东和农业职工，改变了就业方式和家庭收入结构；而农业企业在实现生产经营的同时又尽到了参与扶贫、带动脱贫的社会责任。在产业发展过程中，地方政府、经营主体、村集体、贫困户等参与主体均起到不可替代的作用，并通过有效的利益联结机制紧密联系在一起，最终实现贫困户稳定脱贫和贫困村转型发展。

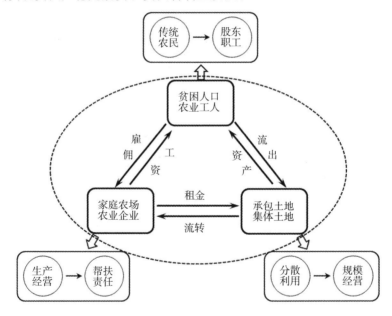

图 3－1　产业扶贫的典型模式内涵

2. 乡村振兴战略下的产业兴旺

乡村振兴战略的核心要义是实现五大建设目标，即产业兴旺、生态宜居、乡风文明、治理有效、生活富裕。其中，产业兴旺是乡村振兴的经济基础，应着眼于乡村一二三产业融合、多元化产业体系建设，整合优势资源、培育特色产业，构建现代化的生产体系、产业体系和经营体系（刘彦随，2018；叶兴庆，2018）；生态宜居是环境需求，乡风文明是重要标志，治理有效是必要保障；生活富裕是根本目标，关键是要消除乡村贫困、促进农民持续增收、缩小城乡居民社会保障差距，共享现代化成果。

乡村振兴的关键是产业振兴。理论上讲，乡村产业发展受到资源禀赋、区位条件、发展基础、政策环境、市场需求等因素综合影响，需要经过产业遴选与布局、培育与发展、拓展与转型等环节，打造多元化的产业体系、现代化的生产体系以及灵活多样的经营体系，最终实现产业兴旺的状态，是一个动态的演变过程。产业兴旺应坚持三产融合与多元化扩张的发展思路，循序渐进，坚守基本农产品生产供给的底线，培育和发展特色产业，拓展农业的多功能边界，创新发展新产业与新业态。新时期，随着新型城镇化的不断推进，城乡人口持续双向流动与优化分布，村庄发展将进一步分化，差异性愈加明显，进而影响乡村产业的发展格局。一部分土地资源丰富的村庄，引导乡村产业实现种养融合以及后续的农产品加工，供给的农产品主要是绿色有机农产品，满足远距离市场需求，实现优质优价，靠农业内部循环和融合发展实现提质增收（李国祥，2018）；一部分生态环境良好、人文景观丰富、土地类型多样的村庄，引导乡村实现一二三产业融合发展，拓展观光农业、休闲旅游、乡土文化体验等新业态，实现农民持续增收；一部分区位偏远、生态脆弱的乡村地域，引导人口外迁与土地流转，适度发展生态产业，增加农民的资产性收益。当前，乡村的基础设施硬条件和政策机制软环境仍是制约乡村产业发展的突出短板（马义华等，2018）。实施乡村振兴战略，国家财政资金应重点投放到农村公共产品与服务的供给方面，实现城乡基础设施的互联互通和基本公共服务向农村深度覆盖；深化农村产权制度与金融制度改革，营造宽松的创业与营商环境，促进乡村产业持续发展。

3. 产业扶贫与产业兴旺的内在联系

精准扶贫战略的目标导向是 2020 年现行标准下的贫困人口全部脱贫、贫困县全部摘帽，地域上聚焦贫困地区和贫困县。乡村振兴战略的目标导向是 2035 年乃至 2050 年实现农业农村的现代化，实现乡村全面振兴，范围　聚焦的是全国乡村地区。精准扶贫背景下的产业扶贫具有多重属性，是一种基础性的脱贫路径，也是易地扶贫搬迁、生态补偿扶贫、发展教育扶贫等扶贫措施的重要支撑，成为精准扶贫的战略重点和主要任务。乡村振兴背景下的产业兴旺则是乡村振兴战略五大建设目标中的首位目标，其关键在于乡村一二三产业融合和多元化产业体系建设，整合特色资源、培育优势产业，构建现代化的生产体系、产业体系和经营体系，是乡村振兴的经济基础。当前，贫困地区正处于精准扶贫与乡村振兴的战略过渡期。理论上，精准扶贫可为乡村振兴奠定发展基础，乡村振兴则是精准扶贫的持续与深化。对于贫困地区，产业扶贫是近期目标与发展基础，产业兴旺是远期图景与发展结果，二者均能带动农民就业增收、脱贫致富，目标导向是一致的。作为一种内生性的脱贫途径，产业扶贫的直接效果是带动贫困户增收脱贫；而产业兴旺的一个重要标志是乡村产业发展促进农民持续增收，实现生活富裕。在脱贫攻坚的年度任务约束下，地方更倾向于选择短平快的产业扶贫项目，没有更多的时间和精力去遴选布局、培育发展特色产业；更注重产业项目的上马建设，较少关注项目运营与持续发展等等。从产业兴旺的长远目标看，这些倾向性的做法不利于乡村产业的健康持续发展。

（二）贫困地区产业发展的普遍性问题

近年来，一些贫困地区通过大胆的探索与创新，培育发展特色产业，上马扶贫产业项目，短期内实现了贫困户增收脱贫。然而，部分贫困地区在扶贫产业的遴选布局、培育扶持、经营发展等方面仍存在着诸多共性问题，影响产业扶贫的总体成效，也不利于产业持续发展和产业兴旺目标的实现。

1. 要素禀赋差异使得产业选择出现排斥性

新时期，随着新型城镇化稳步推进和经济社会持续发展，乡村进一步分化成为必然趋势。贫困地区的产业发展必须遵循乡村差异性与发展分化趋势，依托优势资源，遴选特色产业，合理规划布局。产业发展的基本要素包括土地、资源、劳动力、资本、技术等。当前的扶贫实践中，有特色资源和区位优势的村庄发展潜力更大，投入扶贫资源后能够迅速被打造成为"亮点村"和"示范村"，成为地方政府展示政绩的窗口，而一般村庄可能仅获得很少的资源投入（李博等，2016）；还有一类容易被打造成示范工程的就是主要领导挂点的村庄，即拥有政治资源。最后的结果是发展条件相对较好的"精英村庄"更容易获得扶贫资源和产业项目，而基础条件较差且没有政治资源的贫困村则容易被忽视。实地调查不同贫困地区的示范产业项目，不难发现均在一定程度上存在这种"精英捕获"现象。精准扶贫背景下，财政专项扶贫资金作为一种外源的"增量"资源投放到贫困地区，具体到产业扶贫则是以产业项目为依托与载体进行投资。因此，产业扶贫项目从立项之初就面临着地方政府的亲和性选择，而不是基于乡村差异性与分化趋势的产业合理布局，形成内生性排斥和外生性排斥。同时，贫困地区人口老龄化十分严重，平均受教育水平低下，专业技能缺乏，对于产业扶贫、教育培训等内生性措施的接受能力有限（王金营等，2013），容易出现"有产业没人力、有劳力没技术"局面，智力型、素质型贫困成为制约贫困户稳定脱贫的主要内在阻力。可见，乡村基本要素禀赋的差异性，使得扶贫产业在贫困县、贫困村、贫困户等不同层级上均表现出一定的排斥性。

2. 基础设施配套的隐性投资加重企业负担

新结构经济学认为，产业发展过程中将面临不同风险，为尽可能地降低运行和交易费用，需要一定的硬性和软性的基础设置与之相适应。然而，这些基础设置的改进难以被企业完全内化，具有较强的外部性。因此，在市场机制外，政府还必须发挥积极而重要的协调作用（林毅夫，2010）。对于贫困地区而言，首先应确保当地具备催生产业的基础条件，如公路通讯等基础设施、金融和技术服务等（陈聪等，2017）。受资源禀赋和区位条件的限制，在贫困地区发展扶贫产业可选择的品类十分有限，多数情况下只能选择发展农业特色产业，其生产运营活动对基础设施有巨大的投资需求。国家每年投入大量的资金用于产业扶贫，并明确规定70% 的专项扶贫资金用于产业发展，但财政资金主要是以具体的产业项目为载体进行投放。项目资金只能投入到项目建设与生产运营，产业项目之外的其他基础设施则需要地方政府进行配套。但多数贫困地区的基础设施与营商环境较差，至今仍有部分贫困县尚未通高速，往往缺乏嵌入式扶贫产业项目所需要的配套设施。一般而言，产业扶贫并未明确要求地方政府进行设施配套，但产业项目从立项建设到运营发展所必需的基础设施，仍需要地方政府整合全县的涉农资金来提供，如公路、水利、通讯等设施，即隐性的配套投资。这样又会出现两方面问题：一是，贫困县赢弱的财政支付能力较难独立完成对产业发展所需配套设施的投资建设；二是，县域层面整合涉农资金仍存在着部门条块分割与机制不活的限制。最终，基础设施建设的部分投资压力需要分摊在农业企业和地方社会，地方政府通过转嫁分摊配套投资压力来软化自身的预算约束（狄金华，2015），给企业和地方社会带来"政策性负担"。

3. 责任连带关系增加产业发展的运营成本

产业扶贫追求的目标不仅仅是产业发展和经济效益，还承担了带动贫困农户增收脱贫的社会责任，需要同时遵循市场运行规律和社会责任逻辑。从各地的扶贫实践来看，贫困地区基于当地的资源禀赋发展特色产业，遴选的产业仍集中在种养业领域；其次是乡村旅游业，但比例较少（全国只有4.9%的乡村有旅游产业）（李国祥，2018）。一般认为，农业生产只有达到一定的规模才能实现经济效益和带动作用，而"公司（合作社）＋农户"的生产组织方式，被认为是降低小农户与大市场交易成本以及市场风险的有效实现形式（蔡荣，2011），在产业扶贫中被广泛采用。典型的"公司＋农户"模式下，贫困户将土地流转给农业企业（或合作社）、将专项扶贫资金或小额贷款以股金的形式注入农业企业，而无论经营效益如何，贫困户均能获得租金和分红以及一定的务工收入，这实质上增加了企业的要素成本。一些实力较强、效益较好的龙头企业不愿承担"责任连带"的社会成本，参与这类产业项目的意愿不高；而那些经营规模不太大、缺乏资本与资源的农业企业或合作社，为获得政策支持和专项资金而申请该类项目（许汉泽等，2017）。这就会导致国家的扶贫资源被"弱者吸纳"，但这部分企业往往又缺乏较强的带动能力。同时，扶贫产业多数与农作物打交道，在农业生产过程中，不容易对雇佣的贫困户职工进行监管，一方面贫困户职工缺乏必要的生产技术，另一方面以往无约束的做事习惯与基本的职业素质要求相冲突。贫困户的多重身份使得农业企业不能按照企业化模式进行职工管理，也不能轻易对其进行惩罚或解聘。在"责任连带"约束下，产业经营的社会成本和监督管理成本均增加，为产业持续发展带来附加风险。

4. 产业同质化倾向影响扶贫产业持续发展

多数贫困地区在产业扶贫之前，农业生产仍以农户小规模、分散化种植大田作物为主；发展产业扶贫项目（主要是农业产业），通常将贫困户的土地流转给农业公司或合作社进行规模种植，基本上是经济作物。即传统的大田作物转变为效益更高的经济作物，实质上就是农业结构调整。对于集中连片贫困地区，由于缺少跨县域尺度的统筹协调与总体规划，部分资源禀赋相近的贫困县并未遵循乡村差异化与错位发展思路，确定产业项目时会出现跟风趋同现象。这主要源于两方面原因：一是地方政府向上级政府签下"军令状"和"责任书"，必须完成年度脱贫任务；二是财政专项扶贫资金面临着严格的年度审计，资金使用比例低下（即所谓的"趴在"账面）也将受到处分。因此，贫困县更倾向于选择短平快的产业项目，而相关的市场评估、产业遴选、合理布局、差异化与可持续发展等方面则可能受到忽视。考察不同地区贫困县的扶贫产业目录，发现各地重点支持的产业项目极其相似，相对集中在水果、蔬菜、食用菌、茶叶、药材等门类（贺雪峰，2017）。这些特色农产品往往都是劳动密集型产业，产量大、生长周期短，产品供给在短时间内会出现激增；而农产品的需求弹性较小，在供给骤增的情况下，就必然会出现价格下降与滞销现象。相对于一般农区，贫困地区存在着自然条件较差、交通不太便利、市场信息不灵通等劣势，如果市场总供给出现过剩，贫困地区将首当其冲地受到冲击。已有一些贫困县由于产业同质化问题而造成农产品滞销的报道见诸于媒体，这种倾向性的问题应引起重视。扶贫产业的同质化现象，极易造成市场饱和，增加无效供给，导致大量农副产品滞销，既浪费了国家有限的扶贫资源，又极大地损害农户积极性，增加农户家庭生计风险，影响产业扶贫的总体成效。

（三）产业持续发展导向下的创新趋向

1. 规范产业遴选与布局，约束政府的亲和性选择

乡村资源禀赋差异性和发展分化趋势是客观存在的，不是所有的村庄都能够实现产业兴旺发展。在贫困地区开展产业扶贫，需要综合考量当地的特色资源、劳动力、区位条件、政策因素、市场需求等发展优势，嫁接国家投入的扶贫资源，坚持差异化发展原则，认真遴选产业门类，合理布局产业发展空间，才能实现产业发展与带动贫困户的目标。近几年，国家投入大规模的财政专项资金用于产业扶贫，目的是带动更多的贫困户增收脱贫和促进贫困地区产业发展；而部分地方政府却将大比例的扶贫资源投

入到少数"优势村庄"并将其打造为"亮点工程"。国家层面的目标定位与地方政府的利益诉求之间存在差异和冲突，偏离精准扶贫的预期目标。产业项目的申请与落地过程中，将优势村庄（特别是主要领导挂点的政治资源优势）与一般村庄区别对待，实质上是为产业落户设置了门槛，而不是将所有村庄放在机会平等的条件下进行客观评价。这种政府的亲和性选择，很有可能是不合理的投资选择。因此，应进一步规范产业扶贫项目的申请、评价、验收与监管体系，引入第三方评估机制对扶贫产业的遴选、布局、规划等方面进行评估，阻断地方政府依托产业扶贫而谋求政绩的权力寻租行为，给所有贫困乡村一个公平的获得国家扶贫资源的机会。

2. 加强乡村公共品供给，减小企业隐性配套压力

良好的基础设施硬件条件和宽松的政策制度软件环境是乡村产业发展的基本前提。然而贫困地区整体较差的软硬基础条件和农村劳动力的智力型、素质型贫困，仍是制约乡村产业发展和贫困户增收脱贫的最突出短板。可以预见，实施乡村振兴战略支持农业农村优先发展，国家财政投资将会进一步向乡村地区倾斜。但与广大乡村的巨额投资需求相比，新增的国家财政投资仍将无法满足乡村投资缺口，仍需强化制度性供给和注重发挥市场机制的积极作用。因此，在国家财政投资总量有限的情况下，投资导向应聚焦在乡村公共品供给方面，特别是交通、水利、电力、通讯等基础设施和教育、医疗等基本公共服务，逐步改善贫困地区的发展环境，提高劳动力素质水平，为乡村产业发展提供必要的基础支撑，缓解隐性的配套投资对企业与地方社会带来的政策性负担。同时，地方政府要围绕特色产业和优势产业的培育打造，在金融服务、行政审批、市场监管、优惠政策等方面加强制度性供给，营造良好的投资营商环境，吸引外来企业和社会资本投资产业。乡村产业的培育、发展、经营、扩张等环节则按照市场机制来运行，避免地方政府的大包大揽和过多干预。但也应认识到，基础设施建设应建立在科学规划的基础上，综合考虑人口流动、村庄演化、产业发展需求等因素合理布局，避免"路修通了，人走没了"的现象而造成资源浪费。

3. 选择适宜的经营模式，保障产业发展和农民增收

当前，产业扶贫集中在种养业和农产品生产领域，而"公司（合作社）＋农户"模式则被广泛使用。该模式以劳动雇工为基础，是纵向一

体化的组织方式和经营模式，具有明显的规模经营特征。然而，农业生产有着特有的生产规律，并非遵循工业生产的规模化、标准化发展逻辑。"公司（合作社）＋农户"模式下，一方面责任连带约束增加企业的运营成本和市场风险，不利于企业的成长与发展；另一方面企业经营不善时，也常常会将损失转嫁给农民。实证研究表明，农业生产领域的合作社规模经营存在规模不经济，反而是农户家庭经营效益更高（李博等，2016；许汉泽等，2017）。因此，农业规模经营并不是农业现代化的唯一途径，产业扶贫和产业兴旺也不是"去小农户化"，而应根据不同的产业类型选择适宜的生产组织经营方式。这并不是全盘否定"公司＋农户"模式，而是要重新厘清各利益主体的职责。例如发展种养业，适宜小农户自主经营和家庭农场的生产组织方式；合作社可主要提供种苗、化肥、农药、饲料、农业机械、技术指导等农业生产性服务；农业公司则直接与农户签订保护价收购、订单农业等不同形式的契约。这样，在生产环节激发农民积极性和提高农户利用农业技术的效率，在运营销售环节降低企业的生产与经营成本，可能会更利于产业发展和农民增收。发展乡村旅游业，则适合于公司投资运营、村集体与农民参股分红的组织经营方式。

4. 打造地方化特色产业，探索城乡产业融合模式

从产业生命周期的视角看，乡村产业初创期应坚持差异化发展原则，瞄准产业价值链的关键环节打造特色产业，增强产业的成长性；特色产业成长期应坚持多样化发展原则，遵循产业关联性和互补性带动其他产业发展，着手打造乡村产业体系；特色产业成熟期则要坚持转型发展原则，拓展和转型为优势产业，实现乡村产业可持续发展。当前的产业扶贫倾向于短平快的产业项目，在产业遴选与培育阶段就出现跟风趋同现象，增加产业发展的市场风险。因此，应充分挖掘乡村地区的传统资源，围绕农业资源、自然风光、农耕文化、传统民俗等基本要素，着力打造富有地方特色的品牌产品，形成区域性经济优势；或结合精准扶贫等国家政策，创新城乡融合的产业发展模式。特色农业方面，注重打造绿色、有机、无公害的农产品品牌，实现优质优价。乡村旅游方面，因地制宜，发展农旅结合、牧旅结合、文旅结合以及生态旅游等多元化旅游产业，打响地方特色的旅游品牌。城乡产业融合方面，探索园区化劳动密集型产业发展模式，即在县域范围内盘活土地闲置、低效利用的工业产业园区，积极招商引资一批

劳动密集型产业布点生产，如电子、玩具、服装等行业，并在土地租金、厂房建设、税费等方面给予企业优惠政策；同时与易地扶贫搬迁结合起来，让搬迁的贫困户能够就近就业。这种模式既可盘活利用土地资源和减轻地方政府进行产业配套的压力，又推动了易地扶贫搬迁和贫困户就业安置，还能够提高县域城镇化水平，具有较好的可行性。

第二节　山西省产业扶贫状况：基于实证调查

2016 年 7—8 月期间，山西大学城乡发展研究院组织开展精准扶贫暑期专项调查。此次调查涉及山西省 20 个贫困县、85 个村庄，获取有效农户问卷 749 份。基于实地调查与干部访谈，分析贫困村产业扶贫的基本状况与贫困户对扶贫产业的认知情况，了解全省产业扶贫的实际状况，为制定产业帮扶政策提供参考。

（一）贫困村产业扶贫的基本状况

1. 超四成村庄开展了产业扶贫项目，传统种养业是主要类型

实地调查数据显示，45.6% 的村庄开展了产业扶贫项目；36.7% 的村庄尚未开展产业扶贫项目；但也有 17.7% 的受访对象（村干部）表示不清楚本村是否开展产业扶贫项目或将要开展产业扶贫项目。进一步考察村庄产业扶贫的项目类型，发展种植业的村庄占比为 53.5%，发展养殖业的村庄占比 32.8%，发展林果业、农产品加工业、农家乐或乡村旅游业的村庄较少。可见，在 2016 年只有四成多的贫困村开展了产业扶贫项目，仍有一半以上的村庄尚未推进产业扶贫，需要地方政府积极扩大产业扶贫政策的覆盖面和扶持力度；在开展了产业扶贫项目的村庄中，种植业和养殖业仍是农民容易接受、短期内能够实现增收的产业类型，而其他产业类型需要培育周期和前期大量投资，在当时投产且见效的并不多见。

2. 六成村庄存在产业扶贫资金缺乏和产业奖补资金发放滞后

考察产业扶贫政策的运行情况，从村庄（村干部）层面看，44.4% 的村庄表示最突出的问题是产业扶贫资金少，难以支撑扶贫产业扩大生产规模；15.3% 的村庄表示产业扶贫资金或产业奖补资金发放滞后，且产业发展中缺乏相应的技术指导；此外，部分村庄也表示遴选的产业扶贫项目

不符合本村实际和农户发展需要，村庄无法获取产业扶贫相关信息。可见，六成村庄在发展产业扶贫项目时，遇到最大的问题是资金投入量小和资金管理滞后。一定程度上反映出，产业扶贫在推行中限制条件较多，资金缺乏是重要的限制因素：一方面是项目资金补贴难到位，另一方面是农户发展项目的信贷金融体系不完善，发展难以获得资金支持。此外，产业扶贫中信息与技术获得渠道不畅，村干部、第一书记等基层扶贫干部对农户发展意愿不了解，自下而上的信息交流中农户得到的政策宣传不足、自主发展意识较差等问题，也制约了产业扶贫政策的成效。

3. 超八成村庄认可发展产业的减贫作用，晋北地区的认可度更高

实地调研中，不同村庄对发展产业促进脱贫的认知并不相同，认为作用非常大和作用比较大的村庄占比82.1%，认为作用一般和作用比较小的村庄占比17.9%，表明仍有部分村庄尚未认识到产业扶贫的关键性作用。

分地区来看，晋北地区认为产业扶贫的减贫效应非常大的农户占比47.1%，远高于晋中地区的16.7%、晋南地区的12.5%。将"作用非常大"和"作用比较大"两项合称为"认可"，则晋北、晋中、晋南的认可度分别为94.1%、66.7%、75.0%。可见，晋北地区的受访农户对产业扶贫的认可度更高，晋中地区相对偏低。结合前文的分析结果，即遴选产业扶贫项目时农民更倾向于种植业和养殖业，造成产业扶贫认可度区域差异的主要原因可能是农业资源禀赋和村庄产业基础。

4. 村干部和贫困户对于集体经济的带贫效应认知差异较大

从村庄和农户两个层面，分析不同主体对发展集体经济带动贫困户脱贫的认知情况：①70.6%的村干部认为发展集体经济对贫困户"有帮助"（非常有帮助和比较有帮助），29.4%的村干部认为"帮助不大"（帮助一般、帮助较小、没有帮助）。②53.6%的贫困户认为发展集体经济对脱贫"作用大"（作用很大和作用较大）。③29.2%的非贫困户认为作用大，41.7%的非贫困户认为作用一般。可见，村干部对发展集体经济的减贫效果认可度较高，贫困户比非贫困户的认可度更高。

5. 资金、技术、致富带头人是发展集体经济的重要条件

考察村庄发展集体经济所需的必要条件，92.7%的受访村干部认为需要产业资金支持，72.1%的村干部认为需要技术指导和培训，55.9%的村

干部认为发展集体经济需要有能力的村干部和致富带头人带动，认为市场信息、能人大户、交通便利等因素十分重要的村干部占比依次为39.7%、30.9%、4.4%。可见，从村干部层面看，发展资金、专业技术和致富带头人是发展集体经济的重要条件。

（二）农户对产业扶贫的认知与期望

1. 农户发展扶贫产业面临资金、技术、信息等问题

考察农户对产业扶贫政策的认知情况，55.8%的农户表示产业扶贫资金少是产业发展面临的突出问题；44.3%的农户认为发展特色产业缺乏必要的技术指导和技能培训；38.9%的农户表示无法及时获取产业扶贫的相关信息；此外，反映扶贫对象不精准、奖补资金发放不及时、产业遴选不合适等问题的农户占比分别为27.4%、23.0%、17.7%。可见，产业资金、技能技术、相关信息是农户发展产业所关注的重要方面。

2. 近五成农户表示村干部调查过自家产业发展意愿

分析村干部是否走访调查农户发展产业的意愿情况，48.7%的农户表示村干部调查过自家发展产业的意愿；39.0%的农户表示村干部没有调查过；12.4%的农户表示不清楚村干部是否走访了解过产业发展意愿。数据分析进一步佐证，村干部、驻村工作队、第一书记等基层扶贫干部并未对农户发展产业的意愿进行深入摸底了解，容易造成产业到村到户不精准、上马产业不符合村庄实际和农户意愿、农户参与积极性低及带动效果不明显等问题。

3. 农户获得产业帮扶政策的比例偏低

调查数据表明，51.4%的农户表示未获得过产业扶贫政策支持，36.5%的农户表示已获得了相关政策支持。考察农户发展涉农产业是否获得了产业奖补，80.2%的农户表示未获得过产业奖补；6.9%的农户表示发展涉农产业后获得了产业奖补；12.9%的农户表示不清楚有产业奖补政策，也未获得任何奖补。可见，当时的产业扶贫政策体系不完善，政策覆盖面十分有限，政策宣传与执行力度不足，政策激励效果不明显。

4. 超六成农户希望政府加大种植业支持力度

当问及农户希望地方政府扶持发展何种产业时，67.8%的农户表示希望政府加大对种植业的扶持力度；32.7%的农户希望政府支持发展农产品

加工业；29.8%的农户希望在养殖业方面得到政府支持；此外，希望发展农家乐、林果业、传统手工业和其他产业的农户占比依次为 25.1%、13.1%、10.3%和3.8%。可见，近七成的农户仍希望政府扶持发展种植业。

总体上看，贫困村资源禀赋较差，缺乏必要的产业发展基础，农民长期以传统种植业、养殖业为生，农户之间的合作不足，种养大户较少，当政府的产业扶贫政策力度不足时（如投入资金、农业技术、市场信息等），高效农业、乡村旅游业、食品加工业等新业态较难发育，带贫效应难以显现。此外，基层扶贫干部对农村和农民的产业发展意愿未能充分了解，涉农产业的奖补机制不健全，对农户发展新产业的激励作用未显现。

5. 近八成农户认为发展集体经济亟须资金支持

调查农户对发展集体经济必要条件的认识，79.0%的农户认为村庄发展集体经济最需要的条件为资金支持；认为需要技术指导和培训、有能力的带头人的农户，分别占比55.5%和44.0%；认为需要能人大户、便利交通、市场信息、生产资料等，分别占比为 41.87%、27.27%、26.56%、25.36%。可见，从农户层面看，发展集体经济需要具备资金、技术、带头人、能人大户等多方面因素。

第三节　山西省产业扶贫的现实困境及发展建议

基于实地调查数据分析和村干部访谈，总结山西省贫困县扶贫产业在培育与发展中遇到的现实问题，据此提出相应的对策建议。

（一）扶贫产业培育与发展的现实困境

1. 贫困县产业扶贫难度大、障碍多、力度不够

山西省的贫困县或贫困村普遍存在"三差一多"现象，即自然条件差、资源禀赋差、区位条件差、贫困人口多。寻求、培育、发展适合当地资源条件的特色产业需要一定的时间周期，即使一些贫困县生产出较高品质的农产品（如吕梁山区的林果业），但由于较差的对外交通条件和储存运输设施，使得这类产业不能获得较高效益，农民增收困难。调研发现，许多扶贫项目和投资机会是突发式的，但产业扶贫项目资金申请与使用是计划式的，资金分配使用效率低下，而且多个归口的资金无法有效整合形成合力，不能发挥整体效益。项目手续办理效率太低，对需要灵活应对突发情况的基层而言，不得不边干着边申请，可能导致一些项目申请不下来或不合法，造成政策风险和债务风险。

2. 农业扶贫产业资金支持力度偏低，难以做大做强

对于有劳动能力的贫困户，稳定脱贫归根到底还是要靠发展产业。贫困县和贫困村发展扶贫产业，可选择的产业品种十分有限，多数情况下只能选择发展农业特色产业。农业产业只有达到一定的规模才能实现可观的经济效益和带动作用，前期投资较大，受自然和市场的双重风险考验，天然具有弱质性。对于农业企业来讲，要带动一定数量的贫困户发展规模化经营，前期的土地流转、设施建设、经营维护、人工费用等投资较大，动辄数百万乃至上千万，需要产业资金支持。对于有志创业的大学生和能人，投资融资能力有限，若无外部资金扶持，较难发展为有效规模。而有劳动能力的贫困户，限于发展能力弱、原始积累少，发展农业产业更加困难。在扶贫资金有限的情况下，容易造成"有产品没资金"的情况，使得部分经营主体"壮志难酬"。

3. 贫困县扶贫产业跟风严重，容易造成农产品滞销

对于集中连片贫困县，发展扶贫产业应按照"一县一特，一乡一品"的错位发展思路，瞄准市场需求，选择产业品种，统筹谋划布局。调研发现，由于缺少地市层面的统筹协调与总体规划，部分相邻贫困县在确定扶贫产业项目时出现跟风趋同现象，如吕梁片区的林果业。这种苗头性、倾向性的现象应引起重视。发展产业是精准扶贫的关键，易地搬迁、教育扶贫等措施都需要产业扶贫支撑。在按期完成脱贫任务的压力下，少数基层干部确实存在盲目跟风行为，往往只注重产品生产而忽视市场容量和品牌打造（有产品没品牌），甚至只注重短期利益而忽视长期持续发展。这样极易造成市场饱和，导致大量农副产品滞销，既浪费有限的扶贫资源，又极大地损害农户积极性，影响精准扶贫总体成效。

4. 贫困地区人口外流严重，造血项目缺少人力资源

山西省贫困县大多处于太行、吕梁山区，人均耕地资源少、产能低，基础设施建设滞后，县域经济发展缓慢，农村青壮年劳动力大多外出务工，留守农村的多是老弱病残人群，发展扶贫产业缺乏必要的人力资源。

调查数据显示，家庭无劳动力或仅有 1 个劳动力（年龄在 16—60 岁之间）的贫困户占比 53.5%，即超过一半的贫困户家庭劳动力很弱；从受教育水平来看，66.7% 的受访农民学历为小学及以下，高中及以上的占比为 10.0%，且缺乏一定的专业技能。总体上看，贫困地区普遍存在劳动力短缺、人口受教育水平低下的现象，对于产业扶贫、教育培训等造血式扶贫措施的接受能力十分有限，扶贫产业发展缺乏必需的人力资源，造成"有产业没人力、有人力没技术"情况，很大程度上限制了产业扶贫项目的成效。

5. 贫困户主观脱贫意识差，自我发展意识不强

贫困户群体（特别是年龄超过 40 岁的农民）文化素质相对偏低，思想保守、观念落后、安于现状，没有发展动力，缺乏脱贫自信心，不少贫困户对于发展产业、如何脱贫致富仍茫然无知。调研中，当问及贫困户对当前的扶贫政策有什么看法，得到的回答多是"挺好的，各种补贴不少，挺满意的"；当问及想不想发展扶贫产业，有的说"没钱投资、没技术"、有的说"不知道发展什么"、有的说"没想过，现在也挺好"。从贫困户的回答中反映出一种安于现状、自我发展意识不强的心态，"等、靠、要"思想严重，主观脱贫意识差。如何激发贫困户群体积极脱贫的志气，强化自我发展能力，扶志与扶智相结合，可能是农民技能培训中应强化的内容。

（二）促进产业可持续发展的对策建议

1. 创新产业扶贫资金使用方式，促进规模化经营

积极引进产品附加值高、市场竞争力强、示范带动效果好的农业龙头企业，鼓励返乡大学生和农村能人在家乡创业，发展规模化高效农业，带动贫困户内生式发展，实现稳定脱贫。创新小额贴息贷款、财政专项扶贫资金的使用方式，支持发展农业特色产业，解决农业规模化经营前期投资大的难题。一是，创新小额贴息贷款投贷和使用方式。如广东的"政银保"制度、山西的"五位一体"小额信贷机制，可称之为间接投贷模式。其创新之处在于贷款投放与使用过程中引入担保机构和新型经营主体，形成政府支持、银行放贷、保险保障、经营主体使用、贫困户承贷并受益的利益联结机制，贷款风险由保险、政府、银行共同分担，资金由农业龙头

企业、专业合作社、家庭农场、能人大户等经营主体使用，降低了银行投贷风险，提高了资金使用效率。二是，创新财政专项扶贫资金使用方式。确定发展何种农业特色产业，将分配到贫困村（1个或多个）的财政专项扶贫资金折股量化给农户，统一投给新型农业经营主体发展产业。一方面贫困户每年可以得到利润分红，增加资产性收益；另一方面，带动贫困户就业，实现工资性收入，更重要的是让贫困户在参与的过程中学习专业技能，提升持续发展能力。这样，既可解决部分贫困县财政专项资金使用难的问题，又实现资金捆绑使用，发挥资金的整体效益。

2. 创新产业发展模式，吸引劳动力回乡就业创业

发展产业是确保贫困户稳定脱贫的根本途径。创新贫困县产业发展模式，营造良好的产业发展环境，吸引外来企业投资生产和大学生、能人、农民工返乡创业就业，带动贫困户脱贫致富。典型模式一：园区化劳动密集型产业发展模式：在县域范围内盘活土地低效利用的工业或产业园区，积极招商引资一批劳动密集型产业布点生产，如电子音响、玩具、服装等行业，并在土地租金、厂房建设、税费等方面给予企业优惠政策；同时与易地扶贫搬迁结合起来，让搬迁的贫困户能够就近就业。这种模式既盘活利用了土地资源，又推动了易地扶贫搬迁和贫困户就业安置，还能够提高县域城镇化水平，具有较好的可行性。广西河池市都安县正在推行类似的模式。典型模式二：规模化高效农业发展模式：该模式的重点与难点在于项目资金投入和利益联结机制。前文已述，通过创新小额贴息贷款、财政专项扶贫资金的使用方式，建立不同主体的利益联结机制和相应的监管机制，促进扶贫产业发展，带动贫困户就业增收并实现稳定脱贫。此外，营造优越宽松的创业环境。贫困县可根据自身条件和产业发展需要，以营造宽松的创业环境为核心目标，从资金、土地、税费、设施建设等方面出台综合性的扶贫产业培育扶持办法，吸引农业龙头企业前来投资，激励大学生、能人返乡创业。

3. 完善主体利益联结机制，实现农户内生式发展

产业扶贫，互利共赢才可持续。通过完善贫困户和新型经营主体之间的利益联结机制与资金监管机制，让他们成为利益一致的脱贫共同体，产业扶贫的效果才能更好的体现。经营主体层面，地方政府可采取基础设施建设补贴、配套项目建设、贴息贷款（如上述两种资金投入方式）等扶

持措施，更好地调动他们的扶贫积极性，促进贫困地区产业发展。贫困户层面，政府应代表农户对新型经营主体提出明确要求，除了土地租金和入股分红外，还应让有劳动能力的贫困户尽可能多地参与产业链，在参与中既可获得工资收入，又能提高发展能力。监管机制层面，完善资金使用的相关制度设计，避免"企业经营破产、洗钱转移财政资金"的制度漏洞，降低扶贫资金被挪用和流失的风险，确保新型的资金使用模式安全运行。

4. 农村劳动力技能培训与产业发展相结合，扶志又扶智

以发展扶贫产业为依托，将农村劳动力职业培训与产业生产技能培训结合起来，采取灵活多样的培训方式，既扶"志"又扶"智"。对于有劳动能力、有意向参与扶贫产业项目的贫困户，可由政府聘请专家进行授课，多讲授一些正面的典型案例，激发农民积极向上、乐观进取的精神，树立其主观脱贫志气；然后，再由生产专家讲授专业技能，课堂可设在生产车间或田间地头，内容丰富生动、容易记忆，使贫困户获得一技之长。依托于产业项目的培训，扶志与扶智相结合，形式灵活、内容多样，可能会取得更好的效果。

第四节　山西省产业扶贫的典型案例与模式

（一）吉县"一县一业"苹果产业扶贫模式①

吉县位于山西省西南部、吕梁山南端，隶属于临汾市，地处黄河中游东岸、隔黄河与陕西相望，国土面积 1777 平方公里，辖 3 个镇、5 个乡，79 个行政村，总人口 11 万，是国家扶贫开发工作重点县。吉县历史文化悠久，旅游资源丰富，有天下第一黄色瀑布黄河壶口瀑布、抗日战争时期第二战区长官司令部、山西省政府旧址克难坡、人类始祖婚育文明发祥地人祖山等自然人文景观 40 余处。吉县生态环境优美，森林覆盖率达47%，是全国生态建设示范县、全国造林绿化百佳县。吉县盛产优质苹果，吉县苹果被誉为"中华名果"，被命名为"中国苹果之乡"，全县现有苹果面积达 28 万亩，年产优质苹果 22 万吨。可以说，苹果已成为吉县

---

① 参考《"红苹果"助力吉县摘掉"贫困帽"》（山西综合广播，2018 - 08 - 13），结合实地调研资料整理而成。

农业经济的主导产业，全县农民的富民产业。2018 年 8 月 8 日，经山西省人民政府批准，吉县实现了脱贫摘帽，全县贫困发生率由原来的31.7% 下降到 0.32%。

1. 选好主导产业，趟出精准扶贫致富路

吉县苹果最早是在 20 世纪 60 年代引进的，当时全县只有几个小规模的试点果园，主栽品种为国光、红玉。改革开放后，县委、县政府确立了"人均一亩果园、二亩旱涝保收田、三分烤烟"的"123"农业调产规划。1986 年冬开始规划整地，1987 年春采取政府集中采购发放苗木、县乡干部包点督促的办法进行规模化栽植，选定 19 个垣面开阔的村庄集中创建"九大样板十个点"，对全县进行示范引路。其中，吉昌镇谢悉村、中垛乡南坪村一次连片成园，最早受益。在试点示范带动下，1992 年以后，每年以 3 至 5 万亩的速度快速扩张。期间，县里面出台政策，鼓励有实力的机关、企业到农村承包土地，创建果园，兴办实体，对扩张面积起到了助推作用。近些年，为顺应市场对苹果高品质的要求，县委、县政府做出"苹果转型"发展的决策，以扩张规模、提升品质、开拓市场、创优品牌、引深加工为着力点，强管理、提品质、增效益。为抓好决策落实，果业中心先后制定了"八改十配套"果业转型操作规程、《吉县苹果标准生产技术手册》，确立了开发精品苹果生产基地、出口苹果生产基地、功能保健苹果生产基地等。2012 年，被国家质检总局考核评定为国家级"出口苹果质量安全核心示范区"、获得"良好农业规范认证"。同时，连年参加农博会、中博会、东盟博览会、北京展销周等大型宣传推广活动，多次荣获金奖，使吉县苹果的市场知名度和美誉度大幅提升。目前，全县苹果面积已发展到了 28 万亩，占总耕地面积的 84.8%，年产量达 22 万吨，产值将近 10 亿元，果农人均果品收入 7000 元以上，占农民人均收入的80% 以上，成为全县农民的富民产业。

2. 政策大力扶持，把苹果产业做强做优做精

发展苹果产业，历届县委政府一直坚持了 30 多年，这个产业才做下来，现在老百姓的脱贫主要靠这个产业。吉县号称"四个 80%"：全县苹果面积占到全县耕地面积 80%，"一县一业"苹果专业村占全县行政村的80%，全县农民 80% 都从事苹果产业，农民 80% 的收入来源于这个产业。30 多年来，吉县历经引进推广、规模扩张、提质升级"三大阶段"，推进

苹果产业从无到有，从有到优，从优到精，全县苹果种植面积已达 28 万亩，年产 22 万吨，产值将近 10 亿元。为全面改善苹果生产条件，近年来，吉县累计整合各类涉农资金 2.6 亿元，大力实施了水、肥、田间路、防雹网等果园基础设施建设，并出台了一系列支持政策，力争把苹果产业做强、做优、做精。具体政策有：

（1）在新建果园上，实行果农申报苗木、政府出资、乡镇集中采购的惠农政策，引导农民积极栽植苹果。

（2）整合水利、扶贫、农业等项目资金，配套建设节水灌溉、防雹网、杀虫灯等设施；鼓励企业、专业合作社和个人投资旧村和坡地改造，开发扩大苹果栽植用地。

（3）健全县、乡、村三级技术服务网络，组建成立了吉县果树科技研究所，充实县乡技术力量，做到机构、编制、人员、工资、经费"五到位"。

（4）整合农业科技培训、科技推广项目资金，统筹用于苹果技术研发和示范推广。

（5）对苹果深加工企业在立项、注册、用地方面给予政策性优惠和扶持。

（6）对出口企业和大中城市直销窗口进行财政奖补。

（7）配套发展规模化畜禽养殖，为苹果生产提供充足有机肥源。

（8）整合品牌资源，打造"吉县苹果"品牌，实行统一品牌包装和营销。

（9）每年组织县乡干部外出考察学习苹果标准化生产，加大行政推动力度。

3. "经营主体 +"模式，带动果农抱团发展

探索实施了"经营主体" + "贫困村 + 贫困户 + 工资收入 + 物资供应 + 技术投入 + 果品包销"的"1 + 6"模式，组织了 8 家企业和 20 个果业专业合作社，推动产业扶贫到村到户，精准滴灌，带动贫困果农抱团发展。吉县朝晖果业专业合作社就是其中之一。合作社以服务贫困果农、突出种植优势、加快有机苹果产业发展为宗旨，坚持"民办、民营、民受益"的原则，以有机苹果种植、营销、加工为专业方向，走"公司 + 合作社 + 基地"的产业化模式。在促进苹果产业发展、提高苹果栽培水平、

增强市场竞争力、拓宽市场品牌等方面，合作社充分发挥了自身的辐射带动力。合作社现有资产 520 万元，现有会员 107 余人，聘请了技术顾问，大力开展技术培训和技术推广，在柏山寺乡建设了 240 亩有机苹果试验培训基地，在东城垣建起了 3000 亩有机苹果农业观光园区。为了提高苹果市场竞争力，统一品牌，合作社注册了"乐之然"商标，申请条形码，设计箱式、盒式等各种规格和类型的包装。合作社的组建和运营，有力地促进了吉县苹果产业有机标准化的发展进程，提高了吉县苹果的市场营销水平和竞争力，多次受到县委、县政府的表彰，在果农中享有较高的知名度和向心力。如今，吉县依托苹果、旅游、生态"三色品牌"优势，从根本上保障了群众脱贫有基础，脱贫致富和乡村振兴有抓手。

（二）右玉县"生态治理 + 生态产业"模式①

右玉县位于晋西北边陲，隶属于朔州市，地处晋蒙两省（区）交界处，是山西的北大门。全县国土总面积 1969 平方公里，辖 1 个省级生态文化旅游开发区，4 镇 6 乡 1 个风景名胜区，288 个行政村，总人口 11.5 万（2017 年）。新中国成立之初，全县仅有残次林 8000 亩，林木绿化率不足 0.3%，年均气温只有 3.6 摄氏度，降水量不到 400 毫米，无霜期不到 100 天，生态环境十分脆弱。右玉人民经过 70 多年的坚持不懈造林治沙，坚韧不拔改善生态，如今全县有林面积达 160 万亩，林木绿化率达到 54%，变成了闻名全国的塞上绿洲，先后荣获全国治沙先进单位、全国绿化模范县、全国绿化先进集体、国家生态文明建设示范县、"绿水青山就是金山银山"实践创新基地等荣誉称号，同时孕育形成宝贵的右玉精神。2011 年 3 月以来，习近平总书记先后五次对右玉精神作出重要批示和指示，指出：右玉精神体现的是全心全意为人民服务，是迎难而上、艰苦奋斗，是久久为功、利在长远。

1. 全域绿化，从片片黄沙到茂密林海

右玉位于晋蒙交界、毛乌素沙漠边缘。20 世纪 50 年代初，全县 1969

---

① 参考《从绿起来到富起来——"右玉精神"的新接力》（《山西经济日报》，2020 - 01 - 06）、《背靠"大树"好脱贫——山西右玉县的绿色脱贫路》（新华社，2018 - 11 - 01），并结合《右玉精神》（右玉县人民政府网站）、实地调研等相关资料整理而成。

平方公里的国土面积沙化比例高达76%。"十里不见人，百里不见树"、"春种一坡，秋收一瓮"。这样的生存困境让右玉人把树看得像生命一样宝贵。树，是右玉的魂；没有树，就没有右玉的未来。种树成为他们的唯一出路，一场持续70年的治沙造林接力在这片土地上展开。如今，右玉已经种下了1.4亿棵树，森林覆盖率提高到54%，高出全国平均水平近20个百分点，树种从过去的区区几种变成30多种，药用植物达到45种，野生动物50多种。年均气温由过去3.6摄氏度提高到了5.2摄氏度，降雨量从年均不足400毫米提高到了650毫米。全县99%的沙化土地得到有效治理，预计在2021年底将实现全域绿化，当年外国专家建议搬迁的"沙患重灾区"变成了"联合国最佳宜居生态县"。"扩大绿"即将结束，右玉开始瞄准生态旅游，集中做好"转化绿"后半篇文章，开发出休闲度假、生态体验等近20类旅游产品。2019年，右玉接待游客290万人次，旅游总收入达到26.9亿元，预计2025年将达到67亿元，带动农民人均增收4000元以上。黄沙，曾让人绝望；绿树，带给人希望。黄绿之变，今非昔比，右玉正从逃离之地变成人们心目中独具塞外风光的旅游胜地，百姓的日子也逐渐好起来。

2. 两个转变，闯出一条绿色脱贫路

右玉县正在实现两个转变，即从种树向种草转变、从生态林向经济林转变，为生态经济培育新动力。当前，右玉人工和飞播牧草已达到13万亩，给这个塞上绿洲增添了新的"诗意"；对10万亩老化的小老杨进行改造，发展经济林和林下经济也在迅速展开。右玉县大力发展生态旅游、中药材种植、绿色养殖、特色农产品加工业等生态产业，将绿水青山转化为生态红利，切实带动老百姓脱贫致富。

（1）生态旅游。人气旺，旅游兴，一个个颇具晋北特色的农家小院拔地而起。马营河村支部书记介绍到，2018年村里举办了多场传统民俗活动，夏天就有内蒙古、山西等地的游客1.4万人，直接为村民增加收入15万元。杀虎口村被评为省级乡村旅游示范村，村里的旅游收入更高。该村包村干部王彩霞介绍，2018年旅游总收入能达到七八十万元。生态旅游、乡村旅游、风景名胜旅游成为右玉发展旅游业的主打方向。

（2）中药材种植。右玉县全力发展以板蓝根、党参、黄芩、黄芪为主的中药材种植。全县培育3个发展潜力大的中药材加工龙头企业，扶持

10 个优势明显的中药材专业合作社，建设 20 个特色中药材种植示范村，发展 30 万亩中药材种植基地，打造 10 亿元中药材产业，形成一条完整的中药材产业链。据黄家窑村第一书记杨世新介绍，全村仅板蓝根就种植了 300 多亩，平均每亩纯收入 1000 多元，有力带动了农民增收。

（3）生态养殖。右玉县农丰农业发展有限公司在白头里乡流转 1.5 万亩土地种植燕麦草和苜蓿，让 1000 余农户靠土地流转获得了稳定收入。几年前，白头里乡野场村村民张财因为失去劳动能力，成为贫困户。他将家里 30 多亩土地流转给农丰公司，每年收入 1 万多元土地流转费。75 万只羊、40 万亩小杂粮、4.2 万亩彩色种植、20 多家绿色农业龙头企业，良好的生态正在给右玉带来源源不断的财富。

（4）特色农产品加工业。沙棘是一种酸甜可口的黄色浆果，也是右玉的一大特产。经过多年努力，右玉沙棘种植达到 26 万亩，形成了完整的产业链。

（三）天镇县"家政培训＋劳务输出"模式①

天镇县位于山西省大同市东北端，地处晋冀蒙三省（区）交界处，国土总面积 1718 平方公里，下辖 5 镇 7 乡、235 个行政村，2018 年底全县总人口 23.1 万人。有建档立卡贫困村 126 个、贫困户 2.01 万户、贫困人口 4.77 万人，是国家扶贫开发工作重点县，被列入燕山—太行山连片特困地区、山西省深度贫困县。这里的农民整年只能种 4 个月地，有 8 个月闲在家里。没文化、缺技能、故土难舍、观念滞后，成为当地农民外出务工的"绊脚石"。近年来，全县围绕"两不愁、三保障"要求，共计投资 20 多亿元，大力推进易地扶贫搬迁、产业扶贫、光伏扶贫，打造"天镇保姆"劳务品牌，全面落实低保、健康、教育扶贫政策，精准脱贫成效显著。2020 年 2 月 27 日，由山西省政府批准，正式推出贫困县序列。

1. 抓住机遇，推出"天镇保姆"劳务品牌

培训"天镇保姆"的想法诞生于 2011 年。天镇县阳光高等职业技术学校校长李春认为，尽管天镇县土地贫瘠、资源匮乏，是山西省最穷的县

---

① 主要参考《天镇保姆：圆了妇女的脱贫梦》（《中国劳动保障报》，2019－04－30），并结合其他相关材料整理而成。

之一，但由于毗邻大城市北京、天津，在发展劳务经济方面有较好的区位优势。天镇县距北京仅 280 公里，广大群众想脱贫致富的愿望强烈，引导劳动力转移到京津等大城市进而打造"天镇保姆"劳务经济品牌成为可能。2012 年春节前北京出现了"保姆荒"。当时，天镇县扶贫办主任贾彪想，将全县心灵手巧的妇女们组织起来开展家政技能培训，去首都北京当保姆、挣工资，就可以实现脱贫致富。于是，依托国务院扶贫办"雨露筹划"和山西省"千村万人"创业就业技能培训工程，当年就由天镇县阳光职业学校组织培训了 68 名妇女合格毕业。2013 年农历腊月二十三，由副县长王剑辉、扶贫办主任贾彪、职校校长李春等人，领着经过培训合格的 29 名农村妇女第一次坐上列车到北京从事家政服务，使 19 名保姆顺利就业，开启了"天镇保姆"劳务输出之门。

2. 扶智扶志，脱贫不能光靠政府

要说服从未出过远门、思想保守的农村妇女外出务工当保姆可不是一件容易事。每送走一名保姆，都得过"五关"：自身观念关、丈夫面子关、儿女理解关、村干部思想关、村民舆论关。为此，天镇县阳光职业技术学校给"天镇保姆"设置了三级培训：村子说服、学校培训和城市适应性培训。培训规模越来越大，"天镇保姆"人数越来越多，离不开人社部、天镇县政府的大力支持。县领导会同相关部门的工作人员，钻山沟、进农家，走村入户宣传动员，请外出务工的人员现身说法，逐渐打消她们的顾虑，树立起"脱贫致富勇争先，妇女能顶半边天"的新观念；三级培训，学员不用出一分钱，由县扶贫办补助。在过去，出去打工，而且给人当保姆，可是受人冷眼的活儿。逯家湾镇李家寨村的杨素芳说，"我原来没想到，干家务活也能挣钱"。走出去当保姆，不仅改变了她的家庭状况，更改变了她的思想。现在，她每月回一趟家，来到新修的"天镇保姆大学"，鼓励参加培训的姐妹们。"我想让同乡们都像我一样，大胆地走出去。"杨素芳说："脱贫不光靠政府，更要靠我们自己。只要肯学习、肯努力，就能改变自己的生活，摘掉贫穷的帽子。"

3. 实现品牌升级，实现精准服务

天镇县家政服务培训基地的教学楼上，树立着"天镇保姆大学"六个闪亮大字。在这所 5000 平方米的校区内，拥有"婴幼儿护理""老年护理""居家清洁""家用电器"等八个培训室，相关教学器材一应俱全。

这个培训基地由政府出资修建而成。几年间，共举办了家政初、中级培训班 165 期，培训妇女 1.8 万多人。依托"天镇保姆"的招牌，有 7200 名保姆走出大山，走进北京、天津、太原等大中城市，人均年收入 4 万元以上。8000 多户贫困家庭因此实现稳定增收脱贫。天镇县扶贫办负责人表示，自 2011 年以来，借助邻近京、津、冀的地缘优势，天镇县已向北京、天津等地输出家政服务人员 2.5 万多人次，每年带回劳务收入 2 亿多元，依靠这支"天镇家政娘子军"盘活了全县脱贫攻坚大棋局。不久前，天镇县顺利实现"脱贫摘帽"，正式退出贫困县序列。

在山西省天镇县，"天镇保姆"家喻户晓；在京津等城市，"天镇保姆"十分抢手。经过 7 年的努力，以培训农村妇女从事家政服务为切入点，不断激发参训学员脱贫的内生动力，"天镇保姆"为妇女就业增收架起了一座致富金桥。尽管"天镇保姆"已成为一块响当当的招牌，但也面临着师资力量不够、招生范围窄的问题。因此，转型和升级是"天镇保姆"的接下来几年的发展目标。

第四章　山西省易地扶贫搬迁出现的问题与对策

　　易地扶贫搬迁主要是针对生活在"一方水土难养起一方人"地区的农村贫困人口，是精准扶贫的有力抓手和重要举措。该措施涉及迁出地的土地利用与生态重建、安置点建设与设施配套、搬迁人口的生计保障与社会融入等问题，操作起来相对复杂，特别是搬迁人口的生计安全保障，需要产业扶贫、职业教育等其他措施配套，避免"重搬迁、轻脱贫"的现象。山西省的贫困县大多位于吕梁片区和太行片区，贫困人口多，贫困程度深，脱贫难度大，是全国易地扶贫搬迁的重点省份。精准扶贫以来，山西省深入推进易地扶贫搬迁工作，取得了良好成效，但实践中也涌现出一些共性问题需要及时关注与解决，真正确保搬迁户能够"搬得出、稳得住、能致富"。

第一节　山西省易地扶贫搬迁的基本概况

（一）山西省易地扶贫搬迁工作任务

　　山西是全国扶贫开发重点省份。2014 年建档立卡时，全省农村贫困人口为 329 万人，贫困发生率 13.6%；贫困村 7993 个，占行政村总数的 28.5%。山西也是全国易地扶贫搬迁的重点省份。《山西省"十三五"时期易地扶贫搬迁实施方案》（以下称《实施方案》）明确提出，"十三五"期间，全省 11 市 86 个县（市、区）完成 56 万人易地扶贫搬迁任务，其中：搬迁 45 万建档立卡贫困人口、11 万确需同步搬迁的农户人口，到 2020 年，搬迁对象生产生活条件得到明显改善。各地要把解决不安全住房尤其是"土窑洞"作为易地搬迁工作的重要任务。

（二）山西省易地扶贫搬迁对象与模式

《实施方案》规定，对居住在"一方水土养不起一方人"地方的贫困人口，在群众自愿的基础上，自下而上核定搬迁对象范围。易地扶贫搬迁对象主要是居住在吕梁山黄土残垣沟壑区、太行山干石山区、晋北高寒冷凉区、限制或禁止开发区、煤炭等矿产开采沉陷区、地质灾害威胁区等区域的建档立卡贫困人口。抗震区域贫困村，根据实际确定安置方式。其余类型的贫困村人口根据情况，选择整自然村搬迁或者部分搬迁。尽量实现自然村整体迁出，确需同步搬迁的其他农户，可纳入易地扶贫搬迁规划。

统筹考虑当地的水土资源条件、城镇化进程及搬迁对象意愿，采取集中与分散相结合的安置方式。集中安置方式主要包括：行政村内就近集中安置、建设移民新村集中安置、依托小城镇或工业园区安置、依托乡村旅游区安置、依托已有配套设施安置、"五保"集中供养安置等模式。分散安置方式主要支持搬迁对象通过进城务工、投亲靠友等方式自行安置，给予易地扶贫搬迁货币化补助，迁出地和迁入地政府在户籍转移、社会保障、就业培训、公共服务等方面给予支持。原则上在县域内安置，县域内水土资源确难以承载的可酌情考虑跨县、跨市安置。做好采煤沉陷区贫困人口搬迁与易地扶贫搬迁政策和工作衔接。

（三）山西省易地扶贫搬迁政策措施

2016年以来，山西省在国家精准扶贫相关政策的基础上，结合省情实际与贫困特征，制定了全省易地扶贫搬迁政策，成为全省推进易地扶贫搬迁工作的主要依据。具体政策详见表4-1。总体上，这些政策文件明确了全省易地扶贫搬迁的目标任务、搬迁对象、安置方式、补助标准、资金来源、支出需求、设施配套、产业就业、支持政策等内容，为各地推进具体工作提供了政策依据，确保易地扶贫搬迁各个环节顺利推进。

表 4-1   山西省制定的易地扶贫搬迁政策及其内容

政策名称	发布单位	政策内容
关于大力推进易地扶贫搬迁工程的指导意见	2016-06-16	明确工作目标、基本原则、主要任务、支持政策等
山西省"十三五"时期易地扶贫搬迁实施方案	2016-06-16	工作目标搬迁对象、安置方式、建设内容、资金来源与支出需求、资金运作
关于进一步做好易地扶贫搬迁工作的若干意见	2017-08-14	确定搬迁对象、统筹规划、设施配套、规范制度、畅通资金渠道、跟进产业就业等
关于聚焦深度贫困集中力量攻坚的若干意见	2017-09-19	双签移民搬迁与旧房拆除协议,建立宅基地腾退拆除奖补机制
关于做好易地扶贫搬迁后续扶持工作的实施意见	2019-07-22	发展乡村产业、强化就业帮扶、配套基础设施、完善公共服务、推动社区治理

第二节　山西省易地扶贫搬迁中出现的问题

近年来,山西省易地扶贫搬迁工作深入推进,年度目标任务顺利完成,保障了全省精准扶贫工作进度。实地调查发现,由于农民自身搬迁动力不足、政策在地方执行中的异化以及各相关主体之间协调难度大等原因,致使易地扶贫搬迁政策在实践中出现诸多问题与困境,亟须政府、企业、农民、金融机构等相关主体的相互配合与统筹协作,共建"一方水土养育一方人民"的新家园。

(一)易地扶贫搬迁后农户可持续生计面临考验
易地扶贫搬迁的难点在于农户的可持续生计问题和安置区的公共设施

配套，这是个普遍性问题。在地方实践中，为了完成上级下达的年度脱贫目标，地方政府对每种脱贫措施进行硬性的指标分解，如每年完成50人以下的村庄整体搬迁若干个。这样就演变成为指标任务式的做法，而不是根据村庄和农户的实际情况来开展搬迁工作，给具体落实搬迁任务的乡镇干部造成很大压力。在某贫困县调研时，部分乡镇干部反映，动员农民搬迁新居时农民这样回答："政府说'一方水土不能养育一方人'的才搬迁，而我们是'一方水土能养我们一方人'，肥沃的草坡可以放牛羊，空气清新身体健康，我们传统的生活方式就是种植和养殖，到了别的村里我们是外人，人家给我们草坡牧羊放牛吗？"村民的真实意愿给乡镇干部完成扶贫任务设置了一道难以跨越的鸿沟。这一问题本质上仍是农民对搬迁后的生计安全存在忧虑。

（二）补贴标准差异引发贫困与非贫困次生矛盾

山西省易地扶贫搬迁实施方案制定了相应的补助标准：建档立卡贫困户集中安置建房的人均补助2.5万元，配套基础设施户均补助2.1万元，配套公共服务设施户均补助1.77万元；建档立卡贫困户分散安置建房的人均补助2万元；自然村整村搬迁中确需同步搬迁的农户（即随迁的非贫困户），给予人均补助1.2万元。可见，不同类型搬迁户的补助标准是存在较大差异的。实践中，搬迁补助标准的差异极易引发村庄内部贫困户与非贫困户之间的次生矛盾。具体表现在：一是，在偏远的山区贫困村，贫困户和边缘户的界线并不清晰，农户的经济收入和生活状况相差不大，搬迁补助标准的巨大差异势必会引起不公平，引发新矛盾。二是，实践中存在临时分户套取补贴资金、少数极端贫困户放弃搬迁而将"搬迁指标出让"等现象；由于搬迁补助资金差距较大，涉及金钱问题必然引发农户间在搬迁名额及补助款上的纠纷；另外较高的隐性搬迁成本使得一些贫困户放弃搬迁意愿。三是，对于采煤沉陷区的贫困户来说，因多年来煤矿开采形成的大面积沉陷区造成的生态破坏和安全隐患等问题，农户都有强烈的搬迁愿望。前些年煤炭经济好的时候，搬迁农户均由煤矿企业出资安置，补助标准相对较高；近年来煤炭经济不景气，易地扶贫搬迁标准可能低于前期搬迁的农户，前后政策标准差异一定程度上影响了搬迁工作进度。

（三）资金、设施、产业等配套措施相对滞后

实施易地扶贫搬迁，脱贫是目的，搬迁是手段。但在地方实践中，由于各种原因，专项资金运行管理、基础设施与公共服务设施、后续的产业与就业等方面仍存在一些问题。一是资金运行管理方面，建档立卡贫困户的搬迁资金由中央全额拨付专项资金，但随迁户却需要省市县各级政府进行配套统筹。一方面，部分贫困县在资金使用上将大部分资金用于搬迁户补贴，容易造成安置区建设和迁出区复垦的资金不足；另一方面，地方配套（特别是市、县两级）难以整合出较大的资金额度，难以覆盖到较多的随迁户。二是安置区基础设施和公共服务设施配套建设方面，部分安置区建设资金相对紧张，造成社区道路、上下水管网等基础设施建设和教育、文体、卫生等公共服务场所建设滞后；大一些的集中安置区通常涉及多个乡镇村庄，村民的户籍、养老、医疗等社会保障问题如何衔接与办理较难妥善解决；安置区作为新型农村社区，社区管理制度、便民服务等跟进缓慢，容易导致安置区治安环境混乱。三是配套产业和安置就业方面，具体表现为配套的产业项目与就业机会跟进缓慢，较难妥善解决搬迁人口的就业问题；搬迁后生活成本隐性增加，可持续生计难以为继；贫困户自身的劳动技能缺乏，使得他们转岗换业的机会较少，外出务工积极性较差。

（四）各地搬迁规划不细，部门之间协调困难

易地扶贫搬迁是一项系统性工程，涉及到搬迁户的根本利益，需要多部门协调与统筹。山西省根据《全国"十三五"易地扶贫搬迁规划》出台了本省的搬迁规划。规划提出了坚持"政府主导、群众自愿……省负总责、市县落实"的要求，并按照工作需要将涉及到的政府部门纳入到此项工作中。然而，在政策执行过程中仍存在着实施规划不细、部门协调困难等问题。一是市县实施规划不细，省级规划包括易地扶贫搬迁实施方案、资金管理办法与指导意见三项内容，属于宏观性、指导性文件。县级规划应进一步细化，具体应包括搬迁户摸底调查、安置区选址建设、迁出区整治复垦、新房设计与建设、基础设施配套、配套产业与就业安置等内容，部分贫困县并未进一步制定详细的实施规划，影响搬迁工作做细做

实。二是省级部门的协同性有待加强，省级实施方案涉及省扶贫办、省发改委、省国土厅、省财政厅等九大职能部门以及相关金融机构，搬迁工作需要相关部门的职能整合与相互协同，各部门根据部门职能再制定各项具体方案，由省扶贫办牵头组织协调。各部门日常要忙于各自职权范围内的相关工作，扶贫搬迁只是其日常工作的小部分，导致相关部门之间缺乏有效沟通，出台的政策缺少衔接。三是市县部门的协调性较差，县级部门是易地扶贫搬迁政策的实行与落实主体，一方面实施规划制定中相关部门交流缺乏或流于形式，规划制定不细；另一方面县扶贫办负责统筹协调，却不归口管理相关的项目、资金等，同级部门之间协调困难。

第三节　山西省易地扶贫搬迁的出路与对策

上节提及的易地扶贫搬迁问题，在全国层面也具有一定的共性。易地扶贫搬迁需尊重农民意愿和主体地位，与新型城镇化和美丽乡村建设相结合，最大限度地解决扶贫工作中贫困户的生存与发展难题，重视生态环境保护、特色产业培育、新型农村社区公共服务保障，推进搬迁工作有序完成，切实做到"搬得出、稳得住、能致富"。

（一）搬迁规划与农民意愿相结合，确保"搬得出"

贫困户是易地扶贫搬迁的受益对象，其主体地位应当予以充分保障，各级政府在制定规划方案和政策落实的过程中，应注重贫困户的知晓度、参与度和满意度，坚持农户需求导向和脱贫目标导向相结合。

一是，省级政府在编制搬迁规划和制定相关政策时应充分调研贫困地区与贫困户的基本情况。在规划制定前，充分调研全省贫困基本情况，加强各职能部门和县级政府的沟通，积极听取基层政府的建议和搬迁户的需求，反馈农民切实的搬迁诉求。在规划编制时，注重政策的整体性和连贯性，不仅要分类制定规划方案，对迁出区和安置区的土地资源、生态修复、居住环境、社区管理和社会服务体系等做出合理安排，制定细致可行的规划并出台配套实施方案；而且要处理好搬迁规划与部门利益、局部利益的矛盾，并形成征求意见稿下发基层进行修订，最终形成科学合理的规划方案。在规划实施过程中，建立自下而上的民意诉求机制和第三方评估机制，及时了解规划和政策执行中出现的问题并加以修改完善，确保政策顺利执行，完成既定搬迁目标任务。

二是，地方政府在执行省级规划和搬迁政策时，因地制宜，充分结合本地的实际情况（搬迁户数、配套资金、土地资源、产业就业等），最大限度地提高农民的参与度和满意度。通过易地扶贫搬迁脱贫一批，脱贫是目的，搬迁是手段。应审慎地对待易地扶贫搬迁的问题，能通过在当地发展产业实现脱贫的人群，就不采取易地搬迁的措施。其一，在搬迁对象识别方面，基于"山西省建档立卡贫困户数据平台"和"山西省易地扶贫搬迁信息管理平台"，以村为单位进行建档立卡贫困户的筛查工作，搬迁户名单确定后要进行公示；严防搬迁指标买卖现象，对于村中个别几户因自然原因致贫或采煤沉陷区无力承担搬迁支出的特困户进行公共财政的兜底帮扶。其二，以村为单位积极宣传中央和省里关于易地搬迁的政策精神，将农民的搬迁意愿及时反馈给政府部门，以便编制规划方案时参考。其三，县级政府对本地需要易地搬迁的村庄和农户数量进行摸底调查，客观评估迁出区和安置区的资源禀赋条件、资源环境承载力等因素，充分考虑本地的自然和经济条件，在统一规划的基础上适时调整地方规划内容。其四，针对本地搬迁户反映的共性意见，认真落实到搬迁方案中，搬迁户对搬迁规划实施的全过程有知情权和参与权，监督搬迁项目建设和资金使用情况。

（二）社会保障与社区营建相结合，确保"稳得住"

搬迁农户的参与度和满意度是衡量易地扶贫搬迁成效的重要指标。农户搬迁后，不仅是生活空间发生了转移，更重要的是生活方式和生计方式也发生转变，可能会面临着生活适应和就业发展的双重压力。因此，一方面要构建搬迁农户的社会保障体系，提高农民应对生计风险的能力。另一方面，要加强安置区的社区营建与社区管理，妥善解决迁出区和安置区在管理上的有效衔接，不断强化农民的认同感、归属感和获得感。

一是，确保住房安全、就业安置、合作医疗、养老保险等搬迁政策与配套措施落实到位。在就业安置方面，对于吸纳一定比例的搬迁贫困户、稳定农民就业的企业，给予税收、贷款、土地等政策优化；对于自主创业的贫困户，政府可出台相应的创业优惠政策，降低贫困户创业的市场风险；完善就业信息平台，提供及时、畅通的就业信息。在医疗和养老保障方面，是保留农村户籍、享受新农村合作医疗政策，还是办理城镇居民户口、享受城镇医疗保险，应该让搬迁户自由选择，原则上搬迁农民的社会保障不能比搬迁前差。

二是，做好安置区基础设施配套建设和管理制度衔接与创新，加强安置区的社区营建和社区管理。其一，实施社区综合配套工程，妥善解决与搬迁群众生活息息相关的交通、饮水、上学、就医、购物、娱乐等问题，推进改善农村社区人居环境"完善提质、农民安居、环境整治、宜居示范"四大工程建设，加快建设美丽宜居社区。其二，加强社区公共服务设施建设，明确安置社区内环卫、保洁、绿化等公益性岗位优先安排给贫困户，商铺、超市等优先租赁给搬迁贫困户，物业费要以最低价格收取等，确保农民得到更多实惠。其三，做好迁出区和安置区管理制度的过渡与衔接，对安置小区实行社区化管理，尤其要处理好搬迁群众的户籍问题。

（三）产业培育与财政支持相结合，确保"能致富"

易地扶贫搬迁要实现"脱贫"的根本目标，关键在于发展产业和务工就业，尽可能保障搬迁户能够转岗换业，实现生计转型，确保实现"可发展、能致富"。

一是，注重产业培育和培训就业，实现搬迁户稳定脱贫。其一，发展特色种养业。立足迁出区的土地资源、生态环境等禀赋条件，积极发展特色种养业，鼓励龙头企业和种养大户成片开发，采用专业化、规模化、公司化的运作方式，吸纳贫困户家庭劳动力就业。其二，扩大劳务输出。在摸底调查搬迁户意愿的基础上，有针对性地开展劳动技能培训，培训内容要涵盖思想政治、政策法律、手艺技能等，提高外出务工者的择业就业能力。其三，引进劳动密集型企业布点生产。可盘活利用县城、乡镇低效的工业用地或厂房，吸引成衣、电子、玩具、零配件等劳动密集型产业布点生产，带动安置区搬迁户就业增收。其四，创设新增公益性就业岗位。在村集体或社区集体收入相对稳定的前提下，增设保洁员、护路员、护林员等公益性岗位，优先向贫困户倾斜，也可让一部分劳动力较弱的贫困人口通过自身劳动实现增收。

　　二是，加大公共财政资金与政策性资金支持力度。一方面，贫困县可加大涉农资金整合力度，如美丽乡村建设、农村人居环境整治、农村公路通达工程、农田水利工程、生态环境修复等相关工程的资金整合，充分发挥各项资金在易地扶贫搬迁中的整体效应和捆绑效应，缓解安置区基础设施配套建设资金不足等问题。另一方面，贫困县可充分利用相关的政策性资金，特别是土地政策红利带来的庞大资金（即贫困县的土地指标可跨省交易），可成为贫困县易地扶贫搬迁资金需求缺口的有效补充。

第五章　山西省驻村帮扶工作基本情况
与改进建议

驻村帮扶制度是精准扶贫体系的一项机制创新，旨在动员和整合各方扶贫资源，帮助贫困村和贫困户实现稳定脱贫，在精准扶贫工作中发挥了重要作用。2016 年 7—8 月间，山西大学城乡发展研究院科研团队开展了精准扶贫暑期专项调查，共涉及山西省 20 个贫困县、85 个村庄，获取有效农户问卷 749 份。基于问卷调查与村干部访谈，本章重点分析山西省驻村帮扶工作的基本状况，剖析驻村帮扶工作存在的问题及其成因机制，探讨改进驻村工作的策略与建议。

第一节　山西省驻村帮扶状况：基于实证调查

（一）驻村工作队的进村帮扶情况

1. 村干部与农户对驻村工作队的知晓程度差异较大

考察村里是否有驻村工作队，村干部层面看：67.1% 的村干部表示村里有驻村工作队，32.9% 的表示没有。农户层面看：28.1% 的受访农户明确表示知晓村里有驻村工作队，34.5% 的表示没有驻村工作队，37.4% 的表示不清楚有没有。数据表明，近七成村干部表示村里有驻村工作队，但仅有三成农户知晓村里有驻村工作队，二者之间存在明显差异。究其原因，一方面，在精准扶贫驻村帮扶工作机制建立初期，驻村工作队派驻尚未实现贫困村的全覆盖；另一方面，驻村工作队进村后，前期可能只与村干部进行了对接，截至调查时尚未深入开展进村入户的具体帮扶工作，致使农户知晓度不高。当然，随着驻村工作的深入推进，贫困村覆盖率、农户知晓度、具体的帮扶工作等均已明显提高。

2. 晋北地区的村庄有驻村帮扶工作队的比例最高

横向比较晋北、晋中、晋南三大地区驻村工作队的派驻情况，村干部层面的知晓度比较接近，明确表示有驻村工作队的村庄比例为69.2%（晋北）、65.4%（晋中）、66.7%（晋南），数据上看晋北地区略高。农户层面的知晓度则表现出较大差异，晋北地区42.3%的农户知晓村庄有驻村工作队，而晋中地区和晋南地区分别有21.4%、21.7%的农户知晓村里有驻村工作队，与晋北地区相差20个百分点（表5-1）。总体上看，晋北地区的村庄已有工作队进驻的比例相对较高。

表5-1　　　　晋北、晋中、晋南地区的驻村工作队派驻情况

分地区	村干部知晓度（%）	农户知晓度（%）	二者相差（百分点）
晋　北	69.2	42.3	26.9
晋　中	65.4	21.4	44.0
晋　南	66.7	21.7	45.0

3. 驻村工作队带来的帮扶主要是争取资金、制定规划和技能培训

分析驻村工作队能够为贫困村带来的帮扶措施，调查显示，有69.0%的村干部表示驻村工作队为村里"争取和提供资金支持"，43.1%的村干部表示为村里"制定脱贫规划"，41.4%的村干部表示为村里"开展培训和技术指导活动"。此外，引导村民发展产业、争取扶贫开发项目的占比为27.6%、24.2%。可见，驻村工作队进驻后在村里开展了不同类型的帮扶活动，但就帮扶措施而言，争取资金、制定规划和开展技能培训等措施可以快速推进与落实，成为驻村帮扶初期的主要帮扶措施。

（二）帮扶责任人的到户帮扶情况

1. 村干部与农户对帮扶责任人的知晓程度基本一致

帮扶责任人是贫困户能否实现稳定脱贫的直接责任人。调查数据显示，59.7%的村干部表示帮扶责任人会坚持入户开展具体的帮扶工作，22.6%的村干部表示不清楚有没有开展帮扶。农户层面看，58.2%的受访农户表示接受过帮扶责任人的具体帮扶，36.9%的农户表示没有接受过具体帮扶。可见，村干部与农户对帮扶责任人的知晓程度基本一致，这与驻

村工作队的情况不同。一定程度上也反映出，截至到 2016 年中季仍有相当比例的贫困户未接受过责任人的具体帮扶，可能对后期的帮扶工作产生挤压效应。

2. 晋北地区接受过责任人帮扶措施的农户占比最高

对比分析晋北、晋中、晋南三大地区的帮扶责任人进村入户情况，村庄层面看，晋北地区有 69.6% 的村干部认为帮扶责任人能够坚持进村如何开展帮扶工作，晋中地区和晋南地区的比例分别为 57.9%、50.0%，晋北和晋南相差近 20 个百分点。从农户层面看，晋北地区有 62.1% 的农户表示接受过责任人的具体帮扶，而晋中地区和晋南地区的比例分别为 48.2%、59.5%，晋北和晋中相差 14 个百分点（表 5 - 2）。比较来看，晋北地区的帮扶工作推进较快。

表 5 - 2　　　　　晋北、晋中、晋南地区的帮扶责任人入户情况

分地区	村干部认知度（%）	农户认知度（%）	二者相差（百分点）
全 省	59.7	58.2	1.5
晋 北	69.6	62.1	7.5
晋 中	57.9	48.2	9.7
晋 南	50.0	59.5	- 9.5

3. 贫困户中的弱势群体得到更多的帮扶措施

考虑到贫困户存在群体分化，考察不同类型的贫困户受到的帮扶情况，数据分析表明：①从贫困户家庭收入分类看，中低收入贫困户中，接受到具体帮扶措施的户数占比 69.2%，高于其他收入层级的贫困户。②从贫困户家庭成员健康状况看，家庭成员有患病、身体状况相对较差的贫困户中，有 85.7% 的农户获得过具体的帮扶措施；与之相对应，家庭成员身体状况良好的农户，受到帮扶的户数占比仅为 44.0%；二者相差超过 40 个百分点。③从贫困户的身份看，非干部身份的贫困户接受到帮扶措施的比重较高，占比为 59.5%；同时，部分贫困户具有"村干部"身份，这部分群体中有三成左右的得到过帮扶措施。

总的来看，贫困户中的弱势群体更有机会获得帮扶措施。一般情况下，家庭劳动力状况和家庭收入存在直接联系：①部分贫困户的家庭成员

身体健康、劳动能力强，家庭收入相对较高，更容易实现自主脱贫，在精准扶贫初期帮扶资源有限的情况下，获得的直接帮扶措施相对较少；②部分贫困户家庭劳动力非常弱（如老年户、重病大病户等），更需要的是社保兜底、健康医疗等公共政策，因此获得的生产性帮扶措施较少；③部分家庭收入处于中下水平、有一定劳动力的贫困户家庭，获得一定的帮扶措施后更容易产生帮扶成效，成为精准扶贫初期的重点帮扶对象；④调研时发现仍有部分村干部被评为贫困户，按照山西省的精准识别标准是不正确的，但实际上在深度贫困县的部分偏远山村，村干部的家庭情况也可能较差，这需要客观评价，不宜"一刀切"的否定；当然，随着精准扶贫工作的深入推进，村干部的工资性收入有了较大提高，这时的村干部则不应被评为贫困户了。

（三）贫困户对驻村帮扶的认知与期盼

1. 六成农户认为有必要派驻工作队，四成农户认为有必要确定责任人

考察农户对派驻工作队的必要性情况，认为"非常必要"和"有必要"的农户占比分别为 17.6%、45.0%，二者合计占比 62.6%；认为"一般吧"和"不太必要"的农户占比分别为 31.0%、5.5%。可见，有六成以上的农户认识到驻村工作队的重要性。

考察农户对帮扶责任人的必要性情况，认为"非常必要"和"有必要"的农户占比分别为 19.7%、23.0%，二者合计占比 42.7%；认为"一般吧"和"不太必要"的农户占比分别为 15.6%、40.2%。可见，有四成的农户认为帮扶责任人对脱贫有必要。

数据分析表明，农户对驻村工作队和帮扶责任人的必要性认知存在差异，相差了 20 个百分点。一方面，在驻村帮扶前期，农民对驻村工作队和帮扶责任人的工作职责与机制不太了解，不知道（在贫困村里）帮扶责任人通常就是驻村工作队成员；另一方面，表明调查前后驻村帮扶工作尚未深入推进，尚未得到老百姓的普遍认可。

2. 晋中地区农户对派驻帮扶工作队的需求较为强烈

分地区比较农户对驻村工作队的认可度，晋北地区的农户认为"非常必要"和"有必要"的占比分别为 14.2%、42.5%，二者合计占比

56.7%；晋中地区的此类农户占比为79.0%；晋南地区的此类农户占比为55.7%（表5-3）。可见，晋中地区农户对驻村工作队的派驻需求更强烈。

表5-3　晋北、晋中、晋南农户对驻村工作队派驻的认知情况（%）

三大地区	非常必要	有必要	一般吧	不太必要	完全没必要
晋北	14.2	42.5	32.1	9.7	1.5
晋中	19.3	59.7	18.5	2.5	0.0
晋南	19.2	36.5	38.9	4.2	1.2

3. 超六成农户最希望驻村工作队给予资金支持

措施到户精准是指根据贫困户的致贫原因给予针对性的帮扶措施，助力贫困户实现脱贫。因此，考察贫困户的帮扶意愿和期望尤为关键。调查数据显示，有62.0%的受访农户最希望获得的帮扶措施是"资金支持"，超过了六成；最希望获得技术支持、产业支持、基础设施建设、就业培训等帮扶措施的农户占比依次为16.2%、8.4%、5.1%、7.4%，占比均不高。由此可见，农户更希望得到资金支持，为后续扶贫小额信贷政策的出台奠定了基础。

进一步考察受访农户收入水平差异与帮扶措施之间的联系，中等收入的农户需要重点关注。中高收入的农户最希望得到"资金支持"的占比为77.1%，最希望得到产业支持和技术支持的农户比例比较接近，分别为9.6%和7.2%；中低收入的农户最希望得到"资金支持"的占比为50.0%，其次是最希望得到"技术支持"的农户占比29.0%；两类农户之间表现出明显的差异性（表5-4）。数据分析结果对分类施策和帮扶措施供给具有启示意义。

表5-4　不同收入水平的农户最希望获得的帮扶措施占比情况（%）

收入分组	资金支持	产业支持	技术支持	基础设施建设	就业培训
低收入	62.9	5.7	18.6	4.3	7.1
中低收入	50.0	5.0	29.0	5.0	10.0
中高收入	77.1	9.6	7.2	1.2	4.8
高收入	58.2	12.8	12.1	8.5	7.8

第二节　山西省驻村帮扶工作的问题及成因

从上节的问卷数据分析可以看出，截至到调查时点，山西省的驻村帮扶工作取得了一定成效，但也暴露出诸多阶段性问题①。及时总结帮扶工作中出现的问题并剖析其成因机制，为进一步完善驻村帮扶机制、提升驻村帮扶成效提供有益参考。

（一）部分帮扶人员存在到岗不到位、出工不出力

截至调研时，精准扶贫工作已经实施了两年多，大部分贫困村均已有驻村工作队进驻。但是，驻村干部多以组织"下派"的方式被动参加，而非主动自愿参与驻村帮扶工作，因而部分人员对精准帮扶工作缺乏工作热情和责任意识，对原单位工作及职务仍心存担心。调研发现，虽然大部分人员在形式上已经到岗到位，但由于缺乏明确的驻村帮扶工作考核办法等约束激励机制，部分人员在日常工作中与农户接触少、关心不到位，工作方式不接地气、力不从心、缺乏责任等问题，甚至出现"走过场"、"得过且过"、"出工不出力"等现象，导致农户对帮扶责任人的知晓度、认知度均较低。此外，驻村工作队和帮扶责任人对国家精准扶贫工作的思想认识、政策理解、个人工作能力、协调资源能力等存在差异，致使帮扶队伍的工作水平也体现出明显差别。

（二）驻村工作以建档立卡为主，实质性帮扶不多

调研发现，驻村工作队进驻以来，大部分时间是协助村委会完善建档立卡数据库、填写扶贫手册、整理贫困户材料等精准识别阶段的工作，实质性的帮扶工作大多仍处于起步阶段。大量的档案收集、整理、录入、更新和管理事务，占用了工作队员的较多精力。同时，由于驻村时间多为一年，对贫困村的帮扶工作主要停留在短期内能够见效的"输血型"扶贫方式上，如建设小规模基础设施、组织技能培训等方面，对扶贫政策缺乏

---

① 需要说明的是，这些问题具有阶段性。随着精准扶贫驻村帮扶工作的深化，多数已经得到解决或改善。此节仍将其进行总结与分析，以期为后续推进乡村振兴工作提供借鉴与启示。

深入分析，对农户意愿缺乏调查研究，帮扶措施缺乏长期性和连续性，难以制定切实可行的村庄发展规划，实际的帮扶工作不多，难以激活村庄的发展内生动力。总的来看，帮扶措施缺乏因地制宜、因需施策、分类帮扶，重短期效应、轻长远发展，重物质帮扶、轻精神帮扶，帮扶成效暂不明显。这也是农户对驻村帮扶工作满意度暂时不高的原因之一。

（三）帮扶单位对贫困村起到的帮扶作用差异较大

驻村工作干部所在工作单位对扶贫工作的重视程度、社会资源占有程度、对农业农村发展的契合程度存在明显差异。调研发现，不同的扶贫单位带来差别化的帮扶成效。村干部大多反映，发改、农业、水利、交通、银行等部门的帮扶责任人，能够通过自身的掌握的扶贫资源和关系网络，为所帮扶的村庄引来一些项目，特别是基础设施配套建设项目、农业生产项目等，切实促进村庄发展和农民致富；而法院、妇联、医院、职业学校、机关事务管理部门等，则较难为村里争取到一些扶贫项目，对村庄的帮扶作用相对有限。客观上，这种现象在全国普遍存在，不是山西省所特有的问题。

（四）帮扶措施流于形式，专业化帮扶能力待提高

一方面，驻村工作队的帮扶措施并未落到实处。调研时发现，部分贫困户《扶贫手册》上填写的帮扶措施大多只是流于形式，有的甚至是临时填上去的，农户并未享受到相应的帮扶。还有一部分村庄的《扶贫手册》是为了应付评估而临时发给贫困户的，贫困户反映"只知道自家被评上了贫困户，但并未获得任何实际帮助"这类现象较多；更有部分贫困户表示从未见过驻村工作队，不知道帮扶责任人是谁。另一方面，帮扶责任人结对户数过多、对贫困户情况了解不充分、开展的实效帮扶偏少，对贫困户的帮扶措施局限在日常生活关心、赠送慰问品和慰问金、介绍外出务工等方面，对贫困户实现稳定脱贫的目标帮助有限。在有些贫困县，帮扶责任人按照行政级别确定结对帮扶的户数，一个帮扶责任人可能需要结对帮扶上百个贫困户，帮扶担子过于沉重。应完善结对帮扶的考核机制，提高帮扶质量，建议适当增加当地专家专业化帮扶的方式。

第三节　完善驻村帮扶工作的对策与建议

针对驻村帮扶工作中存在的问题，在国家宏观制度框架内，各贫困县要深入贯彻山西省"两包三到"驻村帮扶工作机制，根据本县的贫困特征，细化制度规定，强化制度执行，创新工作机制，提升帮扶成效，提高老百姓的认可度和满意度。

（一）建立科学的驻村帮扶考核与激励机制

一方面，建立多层次、立体化、动态性的驻村帮扶监督检查机制。在省级、市县、乡镇不同层级建立监督检查小组，定期检查并上报工作队成员的驻村时间、工作成效等情况，形成自上而下的检查机制。要求乡镇和贫困村对工作队成员的驻村时间和具体进行及时汇报，落实考勤制度，建立工作档案，形成自下而上的监督机制。加强驻村工作队日常工作监督，定期对工作的进度和成效进行检查，把对日常监督和检查的情况记录到工作档案中，作为日后评优和奖罚的重要依据。对于驻村时间较少、工作成效不明显的帮扶干部，检查小组要及时提醒，不仅要保证"下得去"，更要"待得住"、"干得好"。

另一方面，建立相配套的考核激励机制。针对驻村工作干部设计考核指标，建立动态考核体系，坚持日常考核、年度考核和聘期考核相结合，注重过程和结果的综合考评。主要的考核指标可包括扶贫村产业发展、基础设施建设、基层党组织建设，以及贫困户增收、为贫困农户办实事、农民对驻村工作队评价等。考核过程中将责任书与工作总结对照，以目标完成情况作为工作是否合格的标准。考核结果经监督检查小组审核后定期向社会公布，并可作为原单位工作考核或评选"先进工作者"的参照。综合采用目标激励、奖惩激励、竞赛与评比激励、关怀与支持激励、榜样激励等方式进行激励。对驻村干部实行分类晋档、实现业绩与待遇挂钩，形成良性竞争、争先创优的局面。

（二）加强驻村干部的扶贫政策与业务培训

在驻村干部选派方面，注重把好"入口关"，选派工作能力强、综合素质高的本土干部进行驻村。驻村干部对于精准扶贫相关政策也需要一个熟悉的过程，应根据帮扶工作的主要内容，为驻村干部开展有针对性的业务培训，组织经验交流活动，促进帮扶工作队业务水平和帮扶能力的整体提升。其一，培训驻村干部对村庄产业发展的指导能力、对农民增收的带动能力，提升干部对产业项目的敏感性，保证干部对项目有较为详细的了解，增强干部的农民组织能力。其二，培训关于扶贫开发、社会保障的相关政策，不仅要求工作队干部能够向贫困户转述扶贫政策内容，更要能结合贫困村、贫困户的实际情况合理的利用政策。为保证培训效果，可以采取专题培训的方式，工作队干部可根据村庄发展需求选择培训内容。其三，为驻村工作队制定入户行动指南，包括自我介绍、责任人联系卡、填写农户基本情况调查表、相关政策宣讲、制定农户帮扶计划等工作流程，最终形成规范化的帮扶工作台账。

（三）提高驻村帮扶工作的本土化和实用性

驻村工作队要注重挖掘贫困村内部的脱贫资源，激发群众的脱贫潜力，避免增加农民对驻村干部的依赖。驻村帮扶过程中，应增强帮扶措施的实用性，从农民生产、生活和发展的实际需求，重点加大贫困农民亟须的产业扶持、技能培训等，充分利用贫困村本地资源，发展本地优势产业，完善对特色产业的支持政策。其一，扶持一批致富能手和骨干，鼓励引导有经济头脑的年轻人、大学生返乡创业，帮助他们分析创业形势，为他们提供创业支持，参与制定合理的创业计划，带动贫困户和一般农户就业增收。其二，整合与盘活村集体的各类资源，积极发展村集体经济、产业合作社等经济组织，引进符合当地实际的特色产业项目，通过宣讲会、动员会等形式发动群众广泛参与到集体经济建设中。其三，开展有针对性、成体系的技能培训计划，根据贫困村的实际情况，驻村干部帮助村干部做好培训计划和方案，将培训工作细化、深化，避免培训课程与农户需求脱节、培训内容陈旧等问题；在培训工作中，突出本地经验的讲授，充分发挥驻村干部和乡镇干部的帮扶作用。

（四）做好"职能帮扶"，加大宣传力度

一是，帮扶单位要做好职能范围内的帮扶工作。驻村工作队一般由市

县职能部门和乡镇干部组成，成员具有较强的专业知识、社会资本和领导才能。在与贫困村的结对帮扶期间，驻村干部应做好本单位职能范围内的帮扶工作，如水利局的可带领村民修建水利设施，交通局的可帮助改善交通条件，农业局的可进行农业生产技能培训等，切实让群众感受到实际的帮扶工作。

二是，加强驻村帮扶工作的宣传力度。驻村帮扶工作不实不细和宣传力度不够，致使部分农户对帮扶队伍不知情、不了解，很大程度上影响了群众满意度。无论是农户被评为贫困户或是成为脱贫户，还是驻村干部的帮扶工作，农户均有知情权。为此，加强驻村帮扶工作内容与成效的宣传力度，规范帮扶工作公示程序，首先让群众知道和了解帮扶工作，再进一步通过实质性的帮扶措施来提高群众满意度。

中篇　采煤沉陷区综合治理

第六章 山西省采煤沉陷区治理概述

采煤沉陷区是指因地下开采煤炭资源而造成地表沉陷以及受地表沉陷影响的区域。采煤沉陷可导致地表土地破碎、植被破坏、耕地与农房损毁，引发次生地质灾害，使得区内居民的生命财产安全受到严重威胁。因此，采煤沉陷区治理是一项重大的民生工程和民心工程。2015 年 11 月，山西大学城乡发展研究院组织团体开展了沉陷区治理专项调查，于 2018 年又进行了回访与补充调查。本章将简要介绍山西省采煤沉陷区的总体概况、相关政策、治理目标与关键举措，以及专题调研的基本情况，为后文专题研究提供背景性材料支撑。

第一节 山西省采煤沉陷区总体概况

山西省煤炭资源丰富、开采条件好，素有"煤海"之称，截至到 2015 年底，煤炭保有资源储量 2709 亿吨，占全国保有资源储量的 17.3%，仅次于新疆和内蒙古，居全国第三位；全省 119 个县级行政区中 94 个县区地下有煤层，含煤面积占全省国土总面积（15.67 万平方公里）将近 40%。新中国成立后，为国家工业化发展和经济快速增长提供了强有力的能源和资源支撑。然而，长时期、大规模、高强度的煤炭资源开采与输出，遗留下的却是大范围的采空区和沉陷区。山西省采煤沉陷灾害在全国最为严重，沉陷区面积大、受灾人口多、治理任务重。据初步调查，全省因采煤造成的采空区面积近 5000 平方公里（约占全省土面积的 3%），其中沉陷区面积约 3000 平方公里（占采空区面积 60%）[①]，造成

[①] 数据引自《山西省深化采煤沉陷区治理规划（2014—2017 年）》，山西省人民政府网站。

大量房屋裂缝、农地塌陷以及生态环境退化，遭受破坏的村庄达 2868 个，共涉及乡镇 420 个，受灾群众约 230 万人①，严重威胁沉陷区内居民的生产生活与财产安全。

2004—2010 年国家启动实施了国有重点煤矿采煤沉陷区治理工作，要求各级地方政府要将沉陷区治理作为地方财政支出的重点之一来安排。期间，山西省共治理 9 个矿区（约 1049 平方公里），安置受灾居民 18 万余户、60 余万人。但是，由于自然和历史的原因，该阶段的治理工作与广大受灾群众的现实需求和建设美丽山西的目标要求还有较大差距。一是全省受采煤沉陷灾害影响面积大，地质灾害严重，沉陷区涉及农村村庄多，加之农村山庄窝铺多，居住分散，农民安居环境较差，异地搬迁安置任务重。二是发现在国有重点煤矿采煤沉陷区治理过程中存在少报、漏报等问题，同时部分已维修加固的房屋因沉陷加剧出现再次破损。三是全省仍有国有非重点煤矿和非国有煤矿采煤沉陷区 2000 多平方公里，受灾群众约 170 万人。开展新一轮更大范围的沉陷区治理工作，已经成为当前及今后一段时期建设美丽山西的迫切任务②。为此，在总结前一阶段经验教训的基础上，2014 年山西省开启了新一轮更大范围的沉陷区治理工作，力争在几年内完成剩余 2000 多平方公里的采煤沉陷区治理，妥善解决沉陷区内剩余受灾群众的生产生活问题。

第二节　采煤沉陷区治理的政策依据

为深化采煤沉陷区综合治理工作，2015 年 3 月山西省人民政府办公厅印发了《山西省深化采煤沉陷区治理规划（2014—2017 年）》（下文称《治理规划》）；省政府又于 2016 年 6 月印发了《山西省采煤沉陷区综合治理工作方案（2016—2018 年）》（下文称《工作方案》），两个文件成为该阶段全省沉陷区治理的主要政策依据，标志着沉陷区治理工作走向制度化、程序化、规范化。

---

① 数据引自《山西：采煤沉陷区变身生态风景》，新华网，2019 – 07 – 03. http：// www. xinhuanet. com/2019 – 07/03/c_ 1124705558. htm。

② 引自《山西省深化采煤沉陷区治理规划（2014—2017 年）》，山西省人民政府网站。

（一）《治理规划》的主要内容

从内容上看，该规划包括基本情况、基本原则、实施范围及步骤、主要任务、政策措施、组织保障、职责分工等七部分内容。其中，基本情况部分简要介绍了全省采煤沉陷区面积与受灾人口、上一轮国有重点煤矿沉陷区治理情况，以及新一轮沉陷区治理的必要性与紧迫性。基本原则部分确立了沉陷区治理的四项原则，即规划引导、试点先行、综合治理、公平公正。实施范围及步骤部分明确 2014 年为试点年，并在全省遴选了 8 个乡镇启动试点工作，同时明确 2015—2017 年的治理目标。主要任务部分规定将开展现状调查、评估鉴定与制订方案，明确了出资主体，统筹推进城镇化改革，建设宜居新区，保障居民生计安全。政策措施部分包括涉农资金整合、农村土地政策、"一事一议"政策、社会力量参与、地质环境保护、财政金融支持、财政"以奖促治"等政策供给，明确了补助标准、主体出资比例、资金来源、土地政策等关键性内容。组织保障部分明确要加强组织领导、强化县级政府主体责任、实行项目化管理、建立健全工作考评机制、加快开展前期工作等要求。职责分工部分明确了相关部门的职能作用。

总体上看，《治理规划》作为全省新一轮采煤沉陷区治理的主要政策依据，重点明确了治理目标、治理任务、补助标准、出资比例、资金来源、土地政策、主体责任等关键内容，为地方开展治理工作理清了思路、提供了依据。但该规划仍属于全省宏观层面的政策规定，各地在实践工作中需根据实际情况和具体问题，制定详细的工作方案，创新工作机制与措施，因地制宜，确保治理目标如期高质量完成。

（二）《工作方案》的主要内容

《工作方案》主要包括指导思想、基本原则、目标任务、保障措施以及附件（领导小组及部门分工）等内容。与《治理规划》相比，《工作方案》进一步细化了年度目标任务、强化了组织保障（成立领导小组、设立专项办公室、明确具体的职责分工）。其中，目标任务部分进一步细化了 2016—2018 年的治理目标，除搬迁户数与人口之外，还增加了矿山环境治理、土地复垦面积、带动村庄发展产业等内容。成立领导小组与专项办公室，明确领导小组的成员构成、专项办公室的主要职责及各级政府的主体责任。方案明确规定，各有关设区市政府是采煤沉陷区综合治理的责任主体，对本地的采煤沉陷区综合治理负总责；各县级政府是采煤沉陷区综合治理的直接责任主体，实行县长负责制；各市、县、区要成立相应的领导小组和工作机构，进一步细化工作，明确责任单位与责任人，确保采煤沉陷区综合治理工作落实到位；各乡（镇）政府是采煤沉陷区综合治理的项目实施主体，具体落实采煤沉陷区综合治理中的各项任务。总体上，《工作方案》是《治理规划》的细化与深化，两个文件共同成为全省采煤沉陷区综合治理的主要依据。

第三节　采煤沉陷区治理的年度目标

（一）2014—2015 年的治理目标

《治理规划》指出，2014 年在全省遴选 8 个乡镇开展试点工作，试点乡镇受采煤沉陷的影响较为严重，具体是太原古交市嘉乐泉乡、万柏林区王封乡、大同南郊区口泉乡、忻州原平市轩岗镇、阳泉盂县路家村镇、晋中灵石县两渡镇、临汾乡宁县西坡镇、吕梁孝义市柱濮镇等，共涉及 74 个村、1.8 万户、4.6 万人的治理搬迁任务。其中：太原古交市嘉乐泉乡涉及嘉乐泉社区等 5 个村、1959 户、5270 人；万柏林区王封乡涉及王封村等 15 个村、1930 户、6176 人；大同南郊区口泉乡涉及白洞村等 7 个村、1745 户、4666 人；忻州原平市轩岗镇涉及刘家梁村等 13 个村、6409 户、14235 人；阳泉盂县路家村镇涉及青崖头村等 6 个村、1269 户、3217 人；晋中灵石县两渡镇涉及和家山村等 10 个村、1040 户、2416 人；临汾乡宁县西坡镇涉及铁尖村等 7 个村、853 户、2823 人；吕梁孝义市柱濮镇涉及贺南沟村等 11 个村、2639 户、7417 人。

2015 年，具体的治理目标为：太原市 5 个县 16 个乡镇 67 个村、9185 户、25826 人；大同市 4 个县 11 个乡镇 26 个村、8648 户、19092 人；朔州市 3 个县 10 个乡镇 20 个村、5935 户、16432 人；忻州市 4 个县 12 个乡镇 52 个村、10946 户、29524 人；吕梁市 7 个县 24 个乡镇 79 个村、13026 户、38466 人；晋中市 3 个县 8 个乡镇 31 个村、5905 户、14965 人；阳泉市 3 个县 9 个乡镇 18 个村、5541 户、14498 人；长治市 7 个县

20 个乡镇 46 个村、7313 户、24393 人；晋城市 5 个县 12 个乡镇 31 个村、4426 户、12211 人；临汾市 6 个县 13 个乡镇 57 个村、2887 户、9843 人；运城市 1 个县 1 个乡镇 13 个村、1154 户、4519 人。

（二）2016—2018 年的治理目标

《工作方案》中明确，2016 年继续实施 7.6 万户、21 万人的搬迁安置任务；启动 20 个矿山地质环境治理项目，历史遗留矿山环境综合治理率达到 12%；启动 15 个重点复垦区的土地复垦任务，复垦土地 120 平方公里；启动全省采煤沉陷区矿山地质和生态环境详细调查，完善矿山环境治理恢复保证金制度；2014 年、2015 年实施搬迁安置 514 个村基本确立主导产业，启动 8 个采煤沉陷区治理试点乡镇现代农业园区建设，带动 100 个村发展；起草防范新生采煤沉陷灾害的相关政策法规。

《工作方案》中计划，2017 年实施剩余 4.9 万户、18.9 万人搬迁安置任务，到年底全面完成全省搬迁安置任务；完成 20 个矿山环境恢复治理项目，历史遗留矿山环境综合治理率达到 25%；开展 15 个重点复垦区的土地复垦任务，复垦土地 120 平方公里；编制完成全省采煤沉陷区矿山地质、生态环境现状调查专题报告，建立全省煤炭开采生态环境现状及治理状况的动态管理数据库，建立完善矿山环境治理恢复保证金政府动用机制的相关政策；400 个 2016 年实施搬迁安置的村基本确立主导产业，启动 31 个有采煤沉陷区治理搬迁任务的贫困县现代农业园区建设，带动 300 个村发展；完善并报省政府出台防范新生采煤沉陷灾害的相关政策法规。

《工作方案》中明确 2018 年为阶段性收尾年，全年完成 19 个矿山环境恢复治理项目，历史遗留矿山环境综合治理率达到 35%；开展 10 个重点复垦区的土地复垦任务，复垦土地 70 平方公里，累计完成 310 平方公里的土地复垦任务；搬迁村基本都确立主导产业，采煤沉陷区治理重点县发展一个现代农业园区，带动 1000 个村发展，搬迁农民人均可支配收入达到全省平均水平；出台防范新生采煤沉陷灾害的相关政策法规。

表 6-1　　　　2014—2018 年山西省采煤沉陷区综合治理目标

年份	搬迁村庄 （个）	搬迁户数 （万）	搬迁人口 （万）	复垦面积 （km²）	带动村庄 （个）
2014	74	1.8	4.6	—	—
2015	440	7.5	21.0	—	—
2016	400	7.6	21.0	120	100
2017	438	4.9	18.9	120	300
2018	—	—	—	70	1000
总计	1352	21.8	65.5	310	1400

注：表中数据从《山西省深化采煤沉陷区治理规划（2014—2017 年）》和《山西省采煤沉陷区综合治理工作方案（2016—2018 年）》两个文件中整理所得。其中，2014 年启动试点工作；2018 年为阶段性收尾年份，主要的工作任务是矿山环境恢复治理、开展土地复垦项目、带动搬迁村庄发展等。

第四节　采煤沉陷区治理的关键举措

（一）加大涉农资金整合力度

鼓励县级政府统筹涉农资金、集中捆绑使用，按照"渠道不乱、用途不变、集中投入、各负其责、各记其功、形成合力"的原则，确保有限的资金发挥最大的效益。

1. 补助标准

将沉陷区村庄与受灾农民搬离旧村是各地采用的主要治理模式。《治理规划》中规定，搬迁农户按户均 60 平方米进行补助，每平方米造价 2014 元，户均搬迁成本为 12.1 万元，超出 60 平方米的部分由个人以成本价购买。鉴于采煤沉陷区内搬迁农民的人口构成多样，可对户型、户型比例和每户建筑面积进行合理调整。单套安置住房的建筑面积具体标准由市、县人民政府根据实际情况确定。

2. 出资比例

《治理规划》中明确，新一轮采煤沉陷区治理参照国有重点煤矿的治理标准，治理补助资金由国家投资、省级投资、市级配套投资、县级配套投资、企业配套投资和居民个人出资构成。对采矿权主体存在的，治理资金主要由企业和政府承担，比例为：国家40%、省级10%、市级5%、县级5%、企业30%、个人10%。对采矿权主体灭失的，治理资金主要由政府承担，比例为：国家50%、省级20%、市级10%、县级10%、个人10%。

3. 筹措资金

经测算，山西省新一轮采煤沉陷区综合治理资金总投资约300亿元，其中居民搬迁安置约158亿元，道路、学校等公共基础设施建设约60亿元，沉陷区灾害环境恢复和土地复垦约60亿元。采煤沉陷区综合治理资金由政府投资、企业配套投资、居民个人出资以及其他社会投资等构成。其中，政府投资包括省、市、县政府投资和中央财政支持。《工作方案》中规定，中央资金主要通过中央财政返还山西省上缴中央的"两权"价款资金中安排解决。省、市、县政府资金主要通过地方留成的"两权"价款解决或资源税改革后公共预算安排。企业资金可优先从企业已提取的矿山环境恢复治理保证金中解决。

（二）用足用活农村土地政策

优先安排采煤沉陷区综合治理工程设施新增建设用地计划指标。采煤沉陷区综合治理搬迁安置属于保障性住房工程，并享受棚户区改造的有关优惠政策。对异地安置的移民新村和沉陷区治理项目用地，凡搬迁村庄具备复垦条件的，可通过城乡建设用地增减挂钩政策解决。安置新区的用地选址，应充分考虑与城镇规划、美丽乡村建设规划和产业布局调整相结合，把握就近和地价相对低廉的选址建设原则，力争以划拨方式供应土地。

（三）加强财政金融支持力度

鼓励涉农的金融机构开展农村土地整治、基础设施配套建设的信贷业务。积极争取农业发展银行支持农村基础设施建设，确定贷款项目和贷款规模。引导激励社会资金参与采煤沉陷区治理。

第五节　案例区概况与实地调研情况

（一）案例区概况：大同市南郊区

南郊区原是大同市市辖区之一，位于大同盆地北部，东西与大同县、左云县接壤，南北与城区、矿区、新荣区、怀仁县毗邻，已于2018年撤销。东西长43公里，南北宽42公里，总面积1068平方公里，全区辖3镇7乡、190个行村，是中国最大的产煤县（区）之一。南郊区交通便利，京包、同蒲、大秦三大铁路干线纵横全区境内，大塘、大运、同太、同张等35条公路贯穿或交汇该区，是晋、冀、蒙的交通枢纽。南郊区矿产资源十分丰富，主要有煤炭、石灰石、耐火粘土、高岭土、大理石、石墨等。以口泉乡为中心的大同煤田是国家主要煤田之一，含煤层面积为2600平方公里，储量在700亿吨以上，全区煤炭保有储量6.4亿吨，可采储量4.8亿吨；分布在雷公山、七峰山、马武山一带的水泥石灰岩储量达到14.9亿吨，2013年已规模开采。其它矿产资源中，石墨储量368.9万吨，高岭岩储量2.3亿吨，熔剂灰岩储量达7091.2万吨，白云岩、耐火粘土、黑花岗岩等储量也相当丰富①。

丰富的矿产资源，长时期、大规模的资源开采，遗留给南郊区的却是大面积的采空区和沉陷区。据当地领导介绍，南郊区的采煤沉陷区共涉及5个乡镇、71个村庄、1个商贸区、1个工矿棚户区。其中，高山镇有26个村庄，云冈镇有19个村庄，鸦儿崖乡有14个村庄，口泉乡有10个村庄，平旺乡4个村庄，涉及24485户、66807人，占比超过南郊区总人口的五分之一。可以说，南郊区是一个典型的资源型县区，也是具有代表性的采煤沉陷区。

（二）实地调研情况

1. 调研任务

为深入了解山西省采煤沉陷区综合治理的地方实践成效，山西大学城

---

① 引自"百度百科—南郊区"，https：//baike. baidu. com/item/南郊区/491245？fr = aladdin.

图 6 - 1　大同市南郊区行政区划图（2018 年行政区划调整之前）

（注：图片来自"百度图片"）

乡发展研究院选择大同市南郊区为典型案例区，组织专业的调研队伍，于
2015 年 11 月 12—18 日赴南郊区开展沉陷区治理专题调查。调研团队通
过座谈会、干部访谈、典型村调查、农户访谈与问卷调查等多种形式，了
解与掌握南郊区采煤沉陷区的基本概况、治理工作进展、典型模式与做
法、实践经验及问题，收集相关的资料与数据，为后续专题研究、撰写调
研报告、提出对策建议等提供基础支撑。

2. 调研方案

（1）对接与座谈会。调研团队与南郊区主管部门领导、典型乡镇相
关领导召开座谈会。详细了解南郊区近几年开展采煤沉陷区治理的基本情
况、总体操作模式、主要做法及经验、存在问题及解决途径、群众安置与
生计保障、产业培育与区域转型等内容。在新型城镇化、美丽乡村建设、
精准扶贫等战略背景下，了解南郊区后续工作思路与计划、关键问题预
判、相关政策诉求等。调研专家组就省内外经验做法、工作思路、相关专

业技术等方面与南郊区相关领导进行探讨与交流。

（2）遴选典型村庄。典型村庄包括四类，分别是已搬迁的村庄、正搬迁的村庄、未搬迁的村庄与安置新区。由各乡镇自行选定，尽量包含以上类型的村庄。典型村庄遴选需考虑地形地貌、交通区位、村庄规模、土地利用情况等因素，确保村庄的典型性与代表性。最终，调研组选择了鸦儿崖乡、高山镇、口泉乡、云冈镇等4个乡镇的17个村庄，以及2个安置新社区（表6-2）。

表6-2　　　　　　　　　　实地调研的乡镇与村庄

典型乡镇	案例村庄
鸦儿崖乡	老窑沟村、官窑村、常流水村、鸦儿崖村、双井沟村、盘道村
高山镇	燕子山村、段家小村、高山村
口泉乡	甘河村、老四沟村、永定村、曹家窑村
云冈镇	栗庄村、鹤岗村、洪泉村、小窑头村（光伏基地100兆瓦）
安置新区	四方嘉苑、永同家园

（3）收集相关资料。为后期总结提炼南郊区的工作流程、经验做法、存在的问题及解决途径等内容，撰写调查与研究报告、提出相应的对策建议，需要收集相关资料与数据。资料清单在召开乡镇座谈会之前发送至联络人邮箱，请联络人帮忙收集资料，并于座谈会结束后提供给调研组。

3. 调研内容

（1）典型村庄调查。结合调查提纲，了解村庄的基本情况（户数、人口、土地、产业）、村庄类型、受损情况、搬迁计划或进度、后续发展规划、村民的总体认知等内容。一方面，调研组通过村干部访谈了解村庄情况；另一方面，安排调研小组走街串巷，通过观察、随手拍、摄像等途径，增强村庄的感性认知。两相佐证，加深对村庄的了解与认识。

（2）农户访谈。结合访谈提纲，了解农户的家庭基本情况（人口数、劳动力、住房情况、收入来源）、房屋受损情况、对搬迁政策的认知、搬迁的担忧与期盼、后续生计规划等内容。通过不同类型农户的访谈，了解沉陷区受灾农户的意愿与期盼，总结村庄搬迁对农户造成的影响与冲击，为后续的政策调整与完善提供参考。

第七章 山西省采煤沉陷区村庄搬迁安置策略

采煤沉陷区综合治理是一项系统性工程，村庄搬迁和农户安置是其核心内容。本章基于典型案例区的实地调研，总结山西省采煤沉陷区村庄整治中出现的典型模式及其特征，分析政策性村庄搬迁模式的实践困境、安置新区建设中存在的问题以及村级组织在搬迁中的功能作用，并提出相应的对策与建议。

第一节 采煤沉陷区村庄整治模式与保障措施

（一）沉陷区村庄整治模式及特征

采煤沉陷区综合治理的核心目的在于全面改善和提高受灾群众的居住条件和生活质量；主要任务是将受灾村庄进行搬迁安置，集中建设一批功能齐全的宜居小区。从工作内容与环节上看，采煤沉陷区治理包括旧村搬迁、新村建设、农户安置三方面。山西省在前后两轮的治理实践中，涌现出一些典型的操作模式，对后续的沉陷区治理和易地扶贫搬迁均具有很好的借鉴意义。

1. 旧村搬迁模式

村庄压覆资源换搬迁模式：该模式是指村庄地下压覆有煤炭资源，后续的煤炭开采将会对村庄居民的生产生活安全带来严重隐患，需对此类村庄进行搬迁，属于前置性搬迁。村庄搬迁一般由煤矿企业出资，尽量不增加农民负担；新村选址不再压覆资源、不受沉陷影响、不进行二次搬迁，农民生活水平不应因搬迁而降低。该模式的难点在于如何协调企业、村集体、农民之间的利益关系。

政策性沉陷治理搬迁模式：该模式是指按照国家或省级政策，对采煤沉陷区范围内的村庄进行统一搬迁整治，改善农民生产条件和生活质量，消除农民生产生活安全隐患，属于后置性搬迁，也是当前沉陷区治理中最常见的模式。村庄搬迁中不同主体的出资比例、新房取得标准、旧宅处置要求等在政策中均有明确规定。该模式的难点在于突破制度性障碍和保障机制创新，如保障新村（社区）建设用地指标和搬迁农户的生计安全等。

经济较好村庄自主搬迁模式：该模式是指村集体经济较强、村民较富裕的受灾村庄，由政府提供土地和办理相关手续，通过易地重建或购买商品住宅楼的方式进行自主搬迁。此类村庄一般有集体煤矿，经济实力较强，搬迁成本主要由村集体和农民承担，易地重建时需要制定符合村庄实际的建设规划。该模式主要发生在 2010 年以前煤炭经济较好的时期，难点在于如何有效协调和组织村民积极参与、如何有效对接政府部门并获得支持。因此，强有力的村集体至关重要。

2. 新村建设模式

新型社区建设模式：该模式将采煤沉陷区治理搬迁与工矿区城镇化相结合，科学引导沉陷区搬迁居民向县城周边集中，有效衔接县城基础设施，建设设施齐全、生活便利、环境优美的宜居新区。因此，该模式也可称之为城镇引领模式，沉陷区农民快速变为城镇型居民，同时远离农村的承包地。农民的生活方式和消费结构快速转变，但就业方式和家庭收入结构却没能随之转变。该模式的最大难点在于如何拓宽非农就业渠道、构建城乡一体化的社会保障机制，解决搬迁农户的生计安全问题。

中心村镇建设模式：该模式指引导搬迁村庄向基础设施条件较好、集体经济较强的中心村集中，完善新村基础设施和公共服务设施配套，规划新村产业发展，建成土地集约利用、产业集聚发展、设施配套完善、人居环境优美的新村镇。该模式对现有村庄格局进行重构，也涉及迁入地村庄的革新，资金需求量大；而且新村建设占用迁入地村庄土地，如何协调搬迁村民和原村村民之间的利益关系，也是该模式需妥善解决的问题。

易地选址重建模式：该模式是指将村庄整体搬迁到自然环境优、区位条件好、发展空间大的地区，易地选址建设新村，改善农民的居住条件和生活质量。新村选址应选择地质条件安全稳定的区域，避免二次搬迁。该模式的难点在于新村用地的合法获取以及搬迁后原有土地利用不便的问题。

3. 农户安置模式

集中安置模式：该模式是指将沉陷区搬迁村庄的居民进行统一安置、集中居住，具体可安置在新建社区或新建中心村，居民（或村民）之间仍是熟人社会。该模式的优点在于比较完整地保留了原村集体组织和熟人关系网络，有利于组织村民开展集体活动。而难点在于：一是如何满足农民住房的多样化需求；二是应充分考虑搬迁农民在环境适应、社会融入过程中出现的问题。

分散安置模式：该模式是指充分考虑搬迁村庄的农户分化情况，将部分农户安置在新建的城镇化社区中（这部分农户大多有相对稳定的非农就业、能够较好地适应城市生活方式、以年轻人居多），将另一部分农户安置在中心村（这部分农户大多没有稳定的非农就业、较难承受城市化的生活消费、以中老年人居多）。该模式充分考虑了农民居住意愿，但割裂了原有村集体，同时增加了政府、村集体、农民等不同主体之间的协调难度；若子女和父母分开安置，不利于子女照顾老人，在中心村配套建设养老院则成为必要。

货币补偿安置模式：该模式是指根据待搬迁农户的房屋总体情况，制定合理的拆迁补偿标准，由政府和煤矿企业出资对农户进行货币补偿，农户取得补偿后进行搬迁；农户可通过市场化手段购买商品房或其他村庄房屋（非沉陷区范围内）。该模式能够消化一部分市场上闲置的商品楼和村庄中的闲置房屋，减少搬迁安置的工作量，有利于治理工作的快速推进。难点有二：一是如何制定合理的补偿标准；二是如何结合农村宅基地制度改革，创新搬迁农户跨村购置农房的新机制，规避产权纠纷。

（二）沉陷区村庄整治的保障措施

受灾村庄搬迁安置是采煤沉陷区综合治理的核心内容之一，不仅需要将受灾群众迁出沉陷区、安置在新建社区，还需要统筹考虑旧村复垦、土地利用、生计安全、社会保障、文化生活等多方面工作，亟须创新保障机制，让搬迁群众真正"搬得出、留得下、过得好"。

1. 空间重构，确保搬迁农民"留得下"

生活空间重构，建设宜居新区。调研发现，农户的家庭人口数、年龄结构、经济条件等存在较大差异，农民住房需求具有多样性。一是新社区和中心村建设应统筹考量，建设不同大小的户型，满足农户的多层次需求。二是新房建成后需考虑房屋装潢问题，可采用统一的标准装潢，也可以按照标准给予补贴。三是完善路水电气暖、活动室、图书室、小广场以及健身器材等基础设施配套，切实改善农民的居住条件和生活质量，调动农民搬迁积极性。

生产空间重构，解决生计问题。家庭收入多元化才能有效保障农户的生计安全，使搬迁农民能够"留得下"。多方面拓宽农民就业和收入渠道：一是新区建设预留一部分门面房、小市场、摊位点等场所，发展生活性服务业，解决部分农户家庭生计问题；二是加快旧村宅基地和工矿用地复垦利用，用活城乡建设用地增减挂钩制度，发展光伏、风能等新能源项目，增加农民资产性收入；三是推进旧村土地整治，宜农则农、宜牧则牧、宜旅则旅，通过土地流转、转包等形式，发展特色种植、规模养殖等现代特色农业，带动农民增收；四是加大与煤矿企业协调力度，争取安排部分农民就业；五是分期分批对符合条件的农民进行实用技能培训，提升农民的就业竞争力。

生态空间重构，美化区域环境。一方面，新社区和中心村应注重绿化景观、休憩场所、公共空间的构建，力争建成宜居新区和美丽新村，营造优美舒适的人居环境。另一方面，与沉陷区环境整治、生态恢复相结合，加快推进旧村宅基地、工矿用地、沉陷地、尾矿复垦，宜林则林、宜草则草、林草结合，推进矿区生态重建与生态修复。

2. 保障重塑，确保搬迁农民"过得好"

重塑基本公共服务体系，使搬迁农民享有合理的教育、医疗、社保、养老等基本公共服务，切实提高农民的生活质量。一是统筹推进搬迁农户的户籍登记与变更，将其纳入新社区统一管理体系，实现孩子就近上学。二是科学规划、合理布局卫生院和诊疗所，保证农民就医方便快捷，满足老年人群对于医疗服务的需求，防止移民因医疗问题陷入困境。三是加快构建城乡一体化社会保障服务体系，逐步提高搬迁农户的最低生活保障和五保户供养水平，创新贫困户生活救助机制。四是加快社区型养老机构和服务设施建设，建立健全养老服务体系，解决养老问题。五是由于搬迁造成农民土地无法正常使用，加大政企、村企协调力度，由企业出资按一定标准对农户生活进行补贴。

3. 组织重建，确保搬迁农民"能融入"

村庄搬迁安置后，原村集体组织、社会关系网络可能会发生较大变化，同时为适应新的生活环境、就业环境，需要对新村集体组织进行重建，便于组织协调对内对外的联系。一是重建新村两委及相关委员会（如社区治理理事会、村务监督委员会等），若新村集中安置在城镇化社区，则应逐渐适应城市居委会的管理方式，逐渐完成职能转变。二是重建新村经济合作组织，如社区市场合作社、农业合作社、交通运输队等，组织协调全村对外经济事务。三是重建新村便民服务组织，如社区环保队、公共设施维护队、公共事务志愿队等，提升便民惠民服务能力。四是重建新村文化娱乐组织，如文艺协会、民俗协会、老年协会，丰富村民精神文化生活。多措并举、多管齐下，使搬迁农民能够尽快融入新的生活环境。

第二节　采煤沉陷区政策性搬迁的困境与建议

近年来，山西省逐渐加大了采煤沉陷区综合治理力度。2015 年和 2016 年省政府连续下发了两个文件，成为全省采煤沉陷区综合治理的主要政策依据，标志着全省沉陷区治理工作逐步走向制度化、程序化、规范化。两个文件明确规定了年度目标、资金来源、资金分配、补助标准、配套保障等内容，对采煤沉陷区范围内的村庄进行统一的搬迁安置，消除农民生产生活安全隐患，改善农民生活质量。遵循两个政策文件开展的村庄搬迁安置工作，即为政策性搬迁模式，也是近年来各地采取的主要模式。然而，山西省采煤沉陷区面积大、涉及村庄人口多，不同地区村庄的受灾受损情况、经济发展水平、受灾群众特征等差异较大，导致政策性搬迁在实施过程中出现了一些问题。

（一）政策性搬迁的实践困境

1. 搬迁资金的配套比例较难实现

文件中规定：采矿权主体灭失的，治理资金主要由政府承担；采矿权主体存在的，主要由企业和政府承担；治理补助资金由国家投资、省级投资、市级配套、县级配套、企业配套和居民个人出资构成。实际操作过程中，县级、企业和个人资金比例执行较为困难。其一，县级政府资金配套压力较大。特别是吕梁山区、太行山区一带的贫困县，长期以来主要靠煤炭与矿产资源的开采利用发展经济，而近年来煤炭市场不景气，这些地区的县级政府财政压力很大，难以负担县级统筹资金。其二，煤矿企业没有积极发挥治理的主体性作用。企业是以市场为中心、盈利为目的的经济组织，其经济属性决定企业会把获取利润放在第一位，而较少考虑由此引发的生态环境问题。山西"煤炭黄金十年"以后，煤炭行业成为国家"去产能"的重点行业，煤矿企业效益下滑严重，"各人自扫门前雪"成为企业应对沉陷区治理工作的普遍态度。其三，农户群体分化严重，困难户出资难。从农户的搬迁意愿来看，大多数农户都希望搬迁，尤其是住宅损坏严重的农户搬迁意愿更加强烈。对于有稳定收入来源、生活水平较高的农户来说，他们可以"搬得出"，但农户群体中也存在一些贫困户和孤寡老人，他们难以支付搬迁费用。

2. 新房户型和补偿方式相对单一

《治理规划》中规定，采用搬迁重建方式治理，按户均 60 平方米进行补助，每平方米造价 2014 元，户均搬迁成本为 12.1 万元，超 60 平方米的部分由个人以成本价购买。调研发现，农户家庭人口数、家庭收入情况、人口年龄结构等方面存在较大差异性，农户对新房户型和搬迁补偿需求呈现出多元化特点。其一，新房户型较少。从农户对新房户型的需求情况来看，经济条件较差、家中只有老两口的农户倾向于选择面积小于 60 平方米的住房；经济能力较强、家庭人口多、年轻家庭的农户更倾向选择 80 平方米以上的大户型。但是从新村新区建设的新房户型来看，多数为 60—90 平方米之间，不能满足不同农户群体对房屋户型的多样性需求。其二，补偿方式单一。不少农户考虑到搬迁成本和新区生活成本，更愿意搬到邻村置地建房；已经迁居外村居住或在县城购房的农户，更希望得到货币补偿；生活条件较好、家里子女有结婚需求的农户，更愿意在市县安家落户。总体上看，农户的需求与期望是多元化的，但实践中多数地区仅限于房屋安置，缺乏灵活多样的补偿安置方式。

3. 政府主导和煤矿主导搬迁差距大

在山西省大规模推进采煤沉陷区治理之前，部分地区已经出现煤矿主导的村庄搬迁安置模式。通常情况下，沉陷区受灾群众通过上访、堵路、谈判等方式迫使煤矿进行补偿，或者煤矿基于村庄压覆资源影响开采的实际情况，通过拆旧建新、折价补偿的方式将受影响村庄进行整体搬迁，搬迁资金全部或大部分由煤矿企业筹集。安置新区可在基础设施和公共服务设施较为完善的煤矿家属区附近选址，居住环境相对优良，村民普遍较为满意，搬迁积极性也较高。但是，搬迁群众的物业费、取暖费、水电费等生活费用无法享受煤矿正式职工的优惠待遇，同等户型面积下搬迁群众的生活成本要高于矿工家庭。

2015 年 3 月山西省发布《治理规划》，由政府主导的政策性搬迁在全省采煤沉陷区正式推开。调研发现，政府主导的搬迁安置工作进展较为缓慢，新区选址相对偏僻，基础设施配套建设整体缺乏，受灾群众搬迁后满意度并不高。新区选址必须规避采空区、采煤区、基本农田，涉及国土、矿产、农业、林业等多个部门，造成新区选址难、用地手续审批难的局面。在自上而下的年度搬迁指标考核压力下，县级政府只能在集中连片且具备工程地质条件的平地上"见缝插针"进行选址建设，新区选址偏远，工期推进缓慢。另一方面，新区建设重点关注搬迁农民的安置房建设，配套设施建设相对滞后，调研中部分新社区的学校、医务室、院内环境营造等配套设施方面迟迟无法得到完善，影响农民的正常生活。

（二）破解政策性搬迁困境的建议

1. 加强上级财政与优惠政策对贫困县和煤矿企业的支持力度

一是，加强对县级政府的财力支持。一方面要加强对贫困县的财政转移支付，弥补这些地区的财力缺口，缓解县级政府的搬迁压力；另一方面，整合本地区的涉农资金，确保有限资金发挥最大效益。二是，加强政府与企业之间的协调，引导部分企业以资源换搬迁。对于仍有可挖掘煤炭资源的村庄，按照"谁生产谁负责、谁开采谁治理、谁损坏谁搬迁"的原则，政府积极与企业沟通协调，鼓励部分企业通过购买压覆资源的方式继续以煤炭换搬迁，从而发挥企业在采煤沉陷区综合治理搬迁中的主体性作用，鼓励企业承担社会责任。三是，为困难户提供资金支持。设立专项资金向支付搬迁费用困难的农户提供贷款，允许农户分期偿还，或通过参加义务劳动的方式偿还贷款，以帮助这部分农户尽快搬出沉陷区。

2. 因村制宜，满足农户对新房户型与安置模式的多样化诉求

一是新区（新村）建设可提供多样化的户型选择。安置新区应该考虑多种户型的房屋设计，提供多样化的新居户型，搬迁农户可根据家庭实际状况进行选择。农户搬迁前，可由村委会组织摸底调查，如采用发放户型意向卡的形式，统计每户的户型需求，之后再根据统计情况设计具体的户型范围，新区建成后农户按照上报的户型领房。二是房屋安置与货币安置相结合。上节中提到，在地方实践中已经涌现出一些好的经验模式，各地在深入推进沉陷区村庄搬迁安置时，可根据村庄的实际情况灵活选择适宜的搬迁安置模式，不宜统一采取一种模式，搞"一刀切"。农户搬迁安置工作中，将房屋实物安置与货币补偿安置结合起来，对于已迁至外地居住或已自行购买商品房，且不再需要房屋安置的农户，要根据拆迁房屋的用途、结构、形式、建筑面积、装饰装修及建房时间等因素，由财政评审中心评审确定后，以货币的方式补偿给农户。总之，应充分认识到农户分化带来的多样性需求，尽可能将搬迁安置工作做扎实、做细致，提高农民的满意度和获得感。

3. 创新农户生计保障机制与举措，解决农户搬迁的后顾之忧

采煤沉陷区综合治理，搬迁安置只是过程性措施，农民在新村安居乐业才是根本目的。要充分考虑农户搬迁后的生计转型问题，破除农户搬迁的后顾之忧，确保农户在新社区可以"稳得住、可发展、能致富"。一是积极洽谈农业公司或扶持种养大户，村庄搬迁后可盘活利用旧村的土地资源，发展特色种植、生态养殖、观光旅游等产业，农民获得土地租金与务工收入，增加家庭收入。二是为搬迁农民提供多元化的就业指导与技能培训，增强农民转岗换业的能力；同时鼓励农民创业或自主经营，如发展生活型服务业，增加经营性收入。三是统筹推进搬迁农户的户籍登记与变更，将其纳入新社区统一管理体系，建立健全基础医疗服务体系，确保实现就近上学、就近就医。四是，加快社区型养老机构和服务设施建设，建立健全养老服务体系。因此，实施村庄搬迁时，地方政府应充分考虑到这些问题，做好实施规划，谋定而后动，避免搬迁后引发新的社会问题。

第三节　安置新区建设中存在的问题及对策

能否让采煤沉陷区的受灾群众"搬得出"，关键在于补贴安置；能否让搬迁农民"住得好"，关键在于新区建设，特别是新房建设与基础设施、公共服务设施的配套建设；能否让搬迁农户"可发展"，关键在于就业安置与社会保障体系。安居才能乐业。但从调研情况看，搬迁计划范围内的受灾村庄基本上能够如期迁入新社区，然而新区建设中也存在着一些共性问题，致使搬迁农户无法实现"安居"目标。

（一）新区建设中的问题及成因

1. 新区基础设施和公共服务设施建设滞后

村庄搬迁安置是一项系统性工程，但由于缺乏严密的政策文件和可操作性强的设计方案，山西省在安置新区的基础设施配套建设方面，并未安排明确的举措，实践中引发配套建设滞后的不良后果。2015 年的《治理规划》中，没有安排专门的基础设施配套建设资金，只是简单提及通过"整合各类民生资金"、"鼓励涉农金融机构信贷"的途径来筹集。2016 年的《工作方案》中明确安排公共基础设施建设资金 60 亿元，但地方政府的配套压力增大。调研发现，基础设施建设滞后突出表现在两方面：

其一，2016 年的文件安排有专项资金，也是为了解决前期基础设施配套建设的欠账问题，但实际工作中选址新建社区成本巨大，有时无法衔接城镇现有的供水、供电、供暖等市政设施系统，而地方政府只能将有限的资金优先用于农户搬迁补偿和新房建设，道路、学校、医疗、养老、环境营造等公共基础设施建设仍面临着资金缺乏问题。其二，在煤矿主导的搬迁安置模式下，拆除旧村的村委会、学校、公共活动场所、日间照料中心等集体公共设施后，村集体可在安置新区获得同等面积的新空间或补偿款，基本实现村庄内部公共设施与功能的重建。但 2015 年和 2016 年的两个政策文件中，搬迁补偿仅限于户均 60 平方米、12.1 万元的补偿款，没有统筹考虑村庄公共配套设施的建设资金，也没有明确配套建设的责任主体，导致多数搬迁村庄缺乏两委办公场所、文化活动、休憩空间、日间照料等公共场地。客观地讲，新社区营建需要一个周期和过程，但农户迁入新社区后，直观感受到公共基础设施建设滞后，也会降低其满意度。

2. 农民入住后心理期望与现实生活有落差

山西省的政策文件中更多地强调农户"搬出来"的问题，虽然也涉及了产业发展、就业安置、社会保障等搬迁农户"稳得住"的问题，但并没有提出具体的思路、措施与支持政策。农民迁入新社区后，生活成本出现"收支倒挂"，入住前的心理期望与现实生活之间落差较大。农民搬迁前，可以享受煤矿提供的免费用水、补贴电费、生活用煤等福利，并且村集体以占地费、过路费、污染费等名义向煤矿讨要较大金额的补贴，这部分资金将作为集体收益平均分配给村民或者用于救济贫困户、补贴养老金、帮村民缴纳医疗保险等方面，提高村民的生活福利。同时，农民的承包地、房前屋后地块可以种植粮食瓜果蔬菜，满足家庭日常生活食用。总体上看，家庭收入相对稳定，生活成本很低。但农民搬迁后，以往以农为主或半工半农的生计模式无以为继，煤矿逐渐减少甚至取消对村庄的利益补偿，村民的直接或间接收入减少，并且日常生活需要交纳水电费、取暖费、物业费等费用，食品来源也需要在市场上购买，生活的刚性支出增加，生活成本明显提高。部分无稳定收入来源的农户（如老年户、贫困户、残疾户）拖欠甚至拒交暖气费、物业费。调研中发现，乡镇干部、普通群众、煤矿领导等访谈对象都认为，搬迁后农民生活水平有所下降，搬迁户拖欠物业费、暖气费的现象时有发生，建议降低或者减免物业费、暖气费。总体上，农户的生产方式和生活方式都发生了根本转变。这些问题一方面严重影响了搬迁工作的进度，另一方面也可能为新区管理和稳定带来隐患。

（二）新区建设问题的破解对策

1. 明确配套设施建设的责任主体与职责

在安置新区的新址审批中，为了衔接必要的公共基础设施建设而必须占用基本农田的，可将其纳入城乡建设用地增减挂钩项目或工矿区复垦项目，享受绿色审批通道，减少审批程序对建设工期的延缓。新区主体建成后，有必要追加新的基础设施建设项目的，则必须明确项目资金来源和责任主体，具体由地方政府统筹解决，还是由政府、煤矿、农民筹资解决，各地需要根据实际情况切实解决。对于搬迁新区衔接煤矿现有的公共基础服务设施的情况，迁入农户和煤矿职工必须同等对待，制定相同的收费标准、享受同等的服务内容。煤矿必须补贴搬迁农户超额支付的价款，避免因变相歧视而产生村企敌对情绪。

2. 重建村庄内部公共服务设施与空间

目前，采煤沉陷区治理政策以户为单位进行搬迁安置补偿，但对搬迁后村两委办公场所、文化活动、日间照料、休憩空间等公共设施如何重建，却没有统筹考虑。村庄管理与组织功能的有效发挥必须依托一定的基础设施和公共空间，在拆除沉陷区旧村的公共设施后，必须要求安置新区有更好的硬件设施和必要的活动空间，确保村内公共服务设施的数量不减少、质量不降低，保障村民能够开展正常的村务活动。安置新区没有学校建设规划的，要以新区居住地址作为子女上学的户籍依据，按照就近或划片原则保障搬迁子女的受教育权利。

3. 探索村庄与煤矿的利益共享新机制

一般情况下，沉陷区村庄都与当地煤矿企业有着较强的利益联系，煤矿为村庄做出利益补偿，如免费供水、供电、供煤、现金补贴等。村庄搬迁后，煤矿减少甚至停止对村庄进行利益补偿，间接造成农户生活成本大幅增加，影响搬迁工作顺利推进和新区治理和谐稳定。因此，鼓励村庄与煤矿形成新的利益共享机制，如煤矿可继续对沉陷区搬迁农民的生活成本进行补贴，但可在原有补贴标准上降低一定比例。具体地讲，煤矿可根据各搬迁户上一年度水电费、暖气费、物业费的总支出金额，给予50%的补贴，以年度或季度为单位直接交付给物业公司，减少搬迁村民新区生活成本的刚性支出压力。

第四节　沉陷区村庄搬迁中村级组织的作用

（一）沉陷区治理中村级组织的职能定位

山西省相关文件规定，采煤沉陷区治理的资金来源由国家、省级、市级配套、县级配套、煤矿企业配套和居民个人出资构成。其中，县级政府是实施责任主体。具体的实践过程中，县级政府、煤矿企业与农户是三大关键的利益相关者，而村级组织（村两委）则是农户与政府、企业的重要"衔接者"，在治理工作中应发挥重要作用。

1. 搬迁政策的宣传者

为有效推进采煤沉陷区综合治理工作，山西省出台了《治理规划》和《工作方案》等系列政策文件，为开展治理工作提供了政策依据。这些政策文件能否在基层落实到位，在很大程度取决于政策的宣传效果。村级组织直接面向的是村民，承担着向广大村民宣传搬迁政策的任务。为此，村级组织既要积极进行政策宣传，又要将宣传落到实处；既要注重政策宣传的广度，又要注重宣传的深度。

2. 农民诉求的反映者

在采煤沉陷区治理过程中，农民不仅面临着举家搬迁的抉择，还可能陷入后续生计无法保障的境遇，不可避免地会产生诸多忧虑与诉求。农民的诉求能否得到有效反映和解决，直接决定了搬迁工作能否顺利进展。为此，村级组织必须深入了解农民的利益诉求，针对出资比例与农民经济能力不符、搬迁标准与农民生活要求不符、搬迁安置难以满足农民后续发展等问题，积极反映给上级政府，多方合力共同解决好农民的搬迁难题，从而使搬迁政策真正落实到位。

3. 农民行为的组织者

采煤沉陷区治理最终要让农民"搬得出、稳得住、能发展"。实现这一根本目标，农民必须组织起来反映自身的利益诉求，这时村集体就需要发挥组织者的作用。首先，要讲清危害，在解决发展难题的基础上，引导农民"愿意搬"。其次，要让农民适应身份和生活方式的变化，引导农民"稳得住"。再次，要积极解决人地分离，为农民的发展提供出路和保障，引导农民"能发展"。

（二）沉陷区治理中村级组织的缺位与越位

采煤沉陷区治理工作中，村级组织应发挥搬迁政策的宣传者、农民诉求的反映者、农民行为的组织者等重要作用。但调研发现，村级组织在沉陷区治理中常出现缺位和越位行为。

1. 上级政策宣传不到位

调研发现，部分村集体在政策宣传方面，既缺乏宣传的积极性，又缺少切实可行的方式方法；既没有注重宣传的广度，也没有注重宣传的深度，最终导致政策宣传不到位。其一，缺乏宣传的积极性。大部分涉及搬迁治理的村庄，村级组织往往只注重搬迁任务如何完成，忽视搬迁政策的宣传工作，甚至认为根本不需要向农民进行宣传，不用了解农民的意愿，简单地认为"农民不愿意搬也得搬，这是政策"。其二，缺少切实可行的宣传方法。村级组织不仅缺乏宣传的积极性，也缺少切实可行的方法，更多地还是依靠村庄宣传栏进行宣传，效果非常不佳。这就导致村级组织干脆不进行宣传，农民基本上只能依靠道听途说获取搬迁政策的消息。其三，宣传广度与深度不够。一方面，村级组织成员本身对政策了解程度不深；另一方面，村级组织担心过度宣传会引发农民的不合理诉求。因此，村级组织一般都只进行形式上的宣传。在广度上，基本只有村级组织成员了解政策，普通农民则对政策了解较少；在深度上，农民基本上只听说要进行搬迁，具体往哪里搬、怎么搬，农民知之甚少。

2. 农民诉求反映不充分

村级组织在采煤沉陷区治理过程中，需要充分了解农民的意愿与诉求，反映农民心声，但大部分村级组织往往"脱离群众"，并未进行充分的民意调查。农民诉求反映不充分主要表现在两方面。其一，搬迁意愿方面。在大部分的采煤沉陷区，老年人因为养老、医疗压力及生活方式转变，并不愿意搬离现有村庄。而村级组织可能会忽略老年人的搬迁意愿，一味要求老年人搬离村庄，不考虑他们的养老、医疗问题，导致在个别村庄出现老年人返村居住的现象。其二，搬迁补偿方面。一方面，农民往往几代人生活在一个共同的院落，户口可能也没有因为结婚成家而独立。搬迁治理完全按照每户 60 平方米的标准补偿，往往无法满足几代人共同生活的要求，这成为农民不满意的矛盾点，村级组织却没有主动对农民的这方面诉求进行反映。另一方面，农民在农村建造房屋本就付出了成本，搬迁治理要让他们拆除现有房屋，却不进行相应的补偿，农民对此诉求也较为迫切，村级组织也未进行有效反映。

3. 村集体利益个人化

村级组织是农民利益的维护者。但在实践中，村级组织的个别成员会将个人利益放在第一位，以公权力为自身谋利益，导致普通农民利益受损。一方面，以公权力买卖安置房，导致农民利益受损。搬迁过程中，村级组织的个别人员利用自身的公权力，将本属于村集体的安置房低价卖给不属于本村的亲戚，从中获取利益。本村村民只能以每户 60 平方米的标准购买安置房，这就导致本应属于普通村民的利益被村级组织及其成员所获得。另一方面，以公权力解决亲朋就业，忽视贫困农民的利益。搬迁完成之后，就业成为困扰农民的首要问题，尤其成为家庭贫困农户的最大难题。村庄集体搬向新社区之后，村级组织一般可以在物业安排部分人员就业。在这种情况下，村级组织个别人员往往会利用自身的公权力，优先安排自己的亲朋好友就业，忽视了家庭最贫困且具有劳动能力的农民。

（三）沉陷区治理中有效发挥村级组织作用

1. 创新村级组织的政策宣传方式

采煤沉陷区综合治理过程中，受灾群众是主要的参与主体和受益主体，群众对全省和地方搬迁政策的了解与接受程度直接关系到治理工作能否顺利推进。因此，村级组织在政策宣传过程中发挥应有的作用就显得十分重要。针对政策宣传中村级组织的缺位现象，一方面，要从思想上重视宣传工作，村两委的核心成员要把政策了解透彻，要对本村搬迁有思路有想法，然后调动村庄内部的各类治理资源（如党员干部、乡贤长者、乡村精英等），通过多种形式给老百姓宣传、讲解、答疑，收集老百姓的意愿与诉求，共同商讨村庄的搬迁与发展。另一方面，创新多样化的宣传方式，结合村民代表大会、党员大会、大喇叭播报、村庄宣传栏、微信群等多种宣传方式，让农民深入了解采煤沉陷区治理的相关政策，了解搬迁安置点选择、搬迁成本、补偿标准、就业安置等具体内容。

2. 畅通农民意愿与诉求表达渠道

采煤沉陷区村庄搬迁安置涉及每个农民的切身利益，必须畅通农民意愿与诉求的表达渠道，保证农民全过程、全方位参与其中。每个村庄可成立"村庄搬迁与安置小组"，按照一定比例由村民选举代表组成，凡涉及本村搬迁与安置的任何事务必须经过小组商讨决定。召开"农户代表大会"，由每户户主或代表参加，在搬迁安置点选择、搬迁方案制定、补偿标准、户型选择、搬迁后就业设想等方面，必须征求农户代表大会意见。严格落实"四议两公开"制度，涉及搬迁治理的全过程，都必须遵循党支部会提议、"两委"会商议、党员大会审议、村民代表会议或村民会议决议，决议公开、实施结果公开的工作程序。通过以上措施实现政府主导与村民自治相结合，畅通农民诉求表达的渠道。

3. 加强村务公开和村务监督力度

只有进一步加强村务公开和村务监督力度，才能切实维护采煤沉陷区受灾群众的根本利益，减少集体利益个人化现象的发生。一方面，实现村务的公开化与透明化。凡是涉及采煤沉陷治理的事宜必须公开、透明，尤其是资金使用、安置房分配、就业岗位安置等涉及农民切身利益的事宜。另一方面，充分发挥村务监督组织的作用。村庄必须成立行之有效的村务监督组织，保证村民对采煤沉陷治理全过程的监督。此外，省级可成立专门的采煤沉陷治理督查小组，严格督查沉陷区治理中资金使用、住房分配、就业安置等方面，避免出现损害农民利益的行为，一经查实，严肃问责处理。

第八章 山西省采煤沉陷区农民生计安全策略

采煤沉陷区综合治理，受灾村庄的搬迁与重建只是过程性措施，农民在新社区能够安居乐业、生计能够有保障才是根本目标。本章基于典型案例区的实地调研与深度访谈，深入了解与掌握沉陷区村庄搬迁中农民的忧虑与期盼，运用定性与定量相结合的方法分析搬迁农民的生计转型困境，审视新社区面临的治理问题，并提出相应的对策建议。

第一节 采煤沉陷区村庄搬迁：农民的忧与盼

继国有重点煤矿采煤沉陷区治理完成后，山西省于 2014 年启动了新一轮的沉陷区综合治理工作。此次治理工作涉及的面积广、村庄多、人口多，治理难度更大。全省采煤沉陷区治理，共涉及约 230 万人的切身利益，必须在充分了解农户搬迁意愿和顾虑基础上开展工作，否则可能会带来一系列次生矛盾，影响治理工作的总体成效。调研发现，农民的搬迁意愿和忧虑存在一定的相似性，主要表现在以下方面。

（一）村庄搬迁中农民之"忧"

1. 迫于人身安全，农民"想搬迁、盼搬迁"

生活在采煤沉陷区范围内的群众，生命财产安全受到了严重威胁。房屋墙体开裂、地基变形下沉、地面出现塌陷裂缝、有害气体外溢等安全问题，威胁着未搬迁村民的人身安全；煤矿生产排放的煤矸石、废水废气、废弃物等严重破坏村庄人居环境；采煤造成的地下水断层、地表水系破坏等严重影响村民的生活用水、农业生产用水以及生态用水。在调研中真实感受到，生活在沉陷区范围内的受灾群众普遍缺乏安全感，甚至存在恐慌情绪，调研中大同市南郊区的一位中年妇女说："不知道哪天房塌了人就埋里头了，可怕的很呐。"可以看出，大多数受灾农户是希望搬迁的，尤其是重度沉陷区的农户、非重度沉陷区但住宅受损严重的农户，以及塌陷区生活水平较低的农户，搬迁意愿更强烈。

2. 困于搬迁成本，农民"不能搬、搬不动"

受灾群众虽然愿意搬迁，但政策性搬迁的搬迁成本较高，降低了农民对搬迁的期盼度，产生了"没搬的时候等搬迁，真要搬迁了又不想搬"的心理。总体来看，农户对搬迁成本的忧虑主要来自三个方面：其一，新社区安置房的购买成本。《治理规划》中明确规定，按户均60平方米、单位造价2014元进行补助，户均搬迁成本为12.1万元，居民需个人承担10%的比例，即1.21万元。而且，农户在进行新房面积意向登记时，大多数选择的户型面积超过60平方米，超出部分需按成本价（2014元）支付购买。也就是说，搬迁时仅新房购置就需要农户出资数万元。购房费用将导致部分农户"想走走不了，想搬搬不动"，长期滞留在旧村，影响搬迁工作的总体进度，也阻碍旧村建设用地的复垦利用。其二，新社区生活成本增加。一方面，新房需要装修，达到最基本的入住条件也需要支出上万元。另一方面，入住新社区后，水电气暖费、物业费、食品购买费等刚性支出增加，生活成本大幅提升。其三，村集体与煤矿企业的资源收益共享机制消失，对农民生活产生隐性成本。搬迁之前，村集体与煤矿企业通过某种形式建立了资源收益共享机制，煤矿企业定期或不定期地向村集体提供一定的补偿或福利。搬离旧村后，也就意味着这一"稳定的增收渠道"消失，客观上增加了农民隐性的生活成本。

3. 忧虑就业养老，农民"不敢搬、不愿搬"

调研发现，大多数农户对搬迁都存在就业和养老忧虑，这也是影响农户搬迁意愿的重要因素。尤其是对搬迁后无就业保障而引起的生计安全问题。其一，就业忧虑。从调研的新社区情况看，新居虽然保障了农民的居住安全，提供了相对便利的生活设施，但由于新社区周边缺乏配套产业，难以保障大量人口集聚产生的就业需求，削弱了对搬迁农民的吸引力，出现"住得好不一定能发展"的困局。以致出现部分已搬迁农户返回旧村从事农业生产的情况，丈夫回旧村、妻儿留新村，形成"一户住两村"现象。其二，养老忧虑。家庭养老和土地养老仍是当前农村最基本的养老方式。一方面，子女提供一定的经济支持和日常照料；另一方面，有劳动能力的中老年人从事农业生产或将土地租赁出去，获得一定的收入。但随着农村"空巢老人"的增多，家庭养老功能弱化，老年人日常照料成为难题；一旦搬进新社区，仍有劳动能力的老人便与农业生产隔绝，难以再种地养老。总体来看，原有的养老模式难以为继，搬迁农户养老堪忧。

（二）村庄搬迁中农民之"盼"

1. 以农民意愿为依据，采取多样化的搬迁模式

单一的政策性集中搬迁安置模式难以满足广大受灾群众的多样化需求。实践中，在充分了解农民搬迁意愿的前提下，以集中安置模式为主，结合分散安置、货币补偿安置等不同模式，探索多种搬迁安置模式相结合的实践方式。具体来说：第一，村两委组织人员或成立专门的调查队进村入户，调查农户的生活状况和搬迁意愿，将不同情况的农户进行分类，建立搬迁意向档案，以此为基础制定差异化的搬迁安置计划。第二，因地制宜、因户制宜地签订搬迁协议，在几种固定模式的基础上，农民愿意选哪种就选哪种，避免"一刀切"。

2. 建立搬迁保障基金，缓解农户搬迁成本压力

针对家庭收入较低、难以支付搬迁费用的农户，可以由地方政府、煤矿企业、村集体联合设立搬迁专项基金，向农户提供搬迁贷款，以新房或旧村土地为抵押，允许农民分期偿还，或通过参加公益劳动的方式偿还贷款，帮助这部分农户尽快搬出沉陷区，减少搬迁阻力。

3. 结合精准扶贫和产业扶贫，解决就业忧虑

实施定向扶贫、精准扶贫，提供项目扶助，增加沉陷区搬迁户就业率。首先，在现有财政支持的基础上增加扶贫投入，对沉陷区搬迁户进行政策倾斜，为搬迁农户提供低息或无息贷款，鼓励农民自主创业，提供有针对、多样化的创业支持。其次，地方政府应积极引导企业进驻新村，尤其注重引进劳动密集型企业，发展加工贸易，为企业提供优惠政策。同时对旧村土地进行集中开发利用，根据土地状况合理引进项目，盘活闲置土地资源，解决部分就业，实现土地、劳动力双利用。第三，对沉陷区搬迁农户进行建档立卡，逐村逐户了解贫困情况，建立一对一帮扶制度，实现"定村、定户、定人"，使每个贫困村有帮扶单位，每个贫困户有帮扶干

部。鼓励帮扶干部和帮扶单位出钱出力，为贫困农民介绍工作、提供就业指导，帮助村庄发展项目经济、特色经济。

4. 发展社区养老和机构养老，解决养老忧虑

首先，发展社区养老。加大对社区养老的资金扶持力度，在新社区配套建设社区养老服务中心、老年活动室、老人诊室、日间照料中心等公共服务设施，为老年人提供养老服务，减轻老年人负担。尤其注重发展社区医疗，满足老年人的医疗需求，通过政府补贴、社会捐赠等方式增强社区医疗机构的公益性。其次，发展机构养老。鼓励公立、民营相结合，建立养老院、敬老院、福利院等专业化养老机构。尝试建立以土地、房屋等财产抵押换养老的新模式，即允许老人以土地或房屋换取养老机构的准入资格，最后的养老费用可由老人子女通过赎买财产使用权的方式补交，费用结清后将抵押的财产交还给老人子女或继承人。

第二节　基于定性分析的搬迁农户生计隐患

（一）沉陷区搬迁农户的生计隐患

1. 家庭收入来源减少

沉陷区村庄搬迁后，农户原有的固化在旧村范围内收入来源减少或消失，从而导致家庭收入减少，主要体现在两方面：其一，搬迁前农户可以有效利用承包地，种植粮食、蔬菜、蓄养家禽，贴补基本生活所需；搬迁后，由于新村与旧村之间的距离增加，农民不能再有效利用原村土地，耕地基本上处于撂荒状态，农业生产功能和农业经营收益暂时性消失。其二，部分村庄和煤矿企业长期以来形成了相辅相生的利益关系，如煤矿开采、运输过程中对原村居民造成噪音污染、道路压损、交通安全隐患等负面效应，一般情况下煤矿企业会给村集体和农民适当的利益补偿；搬迁后，上述负面效应不再影响居民的日常生活，煤矿企业有理由取消这部分补偿。

2. 生活支出明显增加

村庄搬迁后，农民的生活方式和消费结构发生明显变化，家庭消费支出骤然增长。食品消费方面，原村可自行种植粮食、蔬菜、蓄养家禽，基本上属于自给自足的状态，支出很少；搬迁后，食品支出需通过市场购

买，日常饮食开销增加。日常生活方面，搬迁前生活用水、用电、取暖等开销很少，搬迁以后，水电气暖开销明显增加，而且还增加了昂贵的物业费、管理费、垃圾清运费等开销，生活方式由农村低成本、低消费转变为城镇（或社区）的高成本、高消费。教育和医疗方面，因搬迁户户籍变更登记滞后，就近上学和就近就医受到限制，小孩就近上学需要交额外费用，就医报销比例低、范围小，增加了额外的生活成本。

3. 社会保障水平偏低

与原村相比，新社区的路、水、电、网等基础设施配套齐全，居住环境明显改善。然而，对于安置在城市化社区的居民来讲，城市化的生活方式却对应着农村的社会保障体系和水平，二者之间存在脱节。一是农村各类社会保险处于低层次水平，五保户和低保户申请难度大、补贴标准低、指标名额少；二是城镇化的快速发展增加了养老成本，过去靠补贴和养老保险足以保障基本生活的老年人迁入新居后日常生活难以为继，而且社区内部养老配套设施不健全增加了养老负担；三是受户籍管理变更的影响，出现受教育机会不均等、就医报销难度大等现象。

4. 农民就业渠道有限

搬迁后，由于新村与原村土地的空间距离增加，大部分农户基本脱离了直接的农业生产，由"半工半农"的家庭生产方式转变为城市型非农就业方式。但由于部分农民的就业年龄受限、生产技能差、获取就业信息能力弱，导致家庭生计困境。一方面，长期的农村生活使得搬迁农民习惯了农村的生产和生活模式，具有传统生活观念重、文化水平低、生存技能弱的特点；另一方面，搬迁农户就业竞争力差（特别是50—65岁的中老年人）、适应市场能力差、获取有效信息能力弱等特点，与就业市场对劳动者综合素质的高要求相差甚远。两方面原因导致部分搬迁农户就业机会匮乏，陷于"就业无望、生计困难"的境地。

（二）助推搬迁农户生计转型的建议

搬迁农民的生计安全是采煤沉陷区村庄搬迁安置过程中需要统筹考虑的核心问题之一。从拓宽收入渠道、增加生活补贴、完善公共服务、引导农民就业等方面提出对策建议，保障沉陷区受灾群众不仅能"搬得动、迁得出"，而且能"留得下、过得好"。

1. 拓宽收入渠道，提高家庭收入

多元化的家庭收入渠道是农户家庭抵御生计风险的基础。通过机制创新，盘活利用现有资源，增加农户的经营性收入和资产性收入。具体来讲：一是在新社区中考虑建设一批门面房、小市场、摊位点等经营性场所，用于发展生活型服务业，既方便了社区居民生活，又增加了部分搬迁农户的经营性收入。二是推进旧村耕地整治工程，鼓励农业生产公司、种养大户等新型农业经营主体通过土地流转、转包等方式发展特色种植、规模养殖，增加农民的土地财产性收益。三是推进旧村宅基地、闲置工矿用地整治复垦，宜耕则耕、宜林则林，用活城乡建设用地增减挂钩和贫困县土地指标交易政策，吸引光伏、风能等清洁能源产业布点建设，保障项目用地需求，村集体和农民获得土地出租收益，增加农户家庭收入来源。

2. 增加生活补贴，降低生活成本

沉陷区村庄搬迁后，农民的生活成本明显增加，家庭生计压力增大。应寻求多种途径来抵消生活成本增加带来的压力：一方面，由于村庄搬迁造成旧村土地利用不便，使得农户土地经营收入降低或消失，因此应加大政府、村集体、煤矿企业的协调力度，在旧村土地尚未被有效利用之前，煤矿企业给予农户适当的补贴，重新建立资源收益共享机制，弥补土地撂荒带来的收益损失。另一方面，鼓励社会主体以"土地整治工程换土地使用权"的方式参与旧村土地整治复垦，积极引导村集体盘活集体资源与资产，大力引进农业企业发展规模经营，增加集体资产性收益，补贴本村村民的生活开销。

3. 完善公共服务，提升保障功能

对于搬迁农户而言，教育、医疗、社保、养老是影响其家庭生计安全最核心的公共服务。因此，提高基本公共服务质量、提升综合保障功能成为关键。一是加快推进搬迁农户的户籍变更登记，统筹新社区居民户籍管理，确保孩子就近入园、就近上学。二是科学规划与建设社区卫生院、诊疗室，规范居民就医报销范围、流程与标准，保障居民就医的便捷性，满足老年人就医需求。三是完善搬迁农民最低生活保险、养老保险和医疗保险制度，可适当增加搬迁村庄低保户名额，逐步构建城乡一体化的社会保障体系。四是在新社区建设养老院、敬老院等老年人照料中心，对孤寡老

人和五保户试行集中式供养，降低家庭养老成本。

4. 引导农民就业，促进长远发展

培养搬迁农民的生存技能，增强其就业竞争力，保障农户家庭长远生计安全。一是结合农民谋生技能和周边就业环境的特点，多开设知识含量高、用工短缺、创收前景广阔的就业培训课题，提高培训质量，帮助农民实现非农就业，获得稳定的收入来源。二是政府积极创造就业环境和就业条件，引导新搬迁村民就地发展个体经济，如开办店面、摆摊设点、小手工业等，或在新居住社区内从事家政服务、自行车修理、修鞋配钥匙、再生资源回收、服装织补、早点摊位等社区生活性服务业。三是充分发挥村集体组织作用，为本村村民创设公益岗位，如安排仍有劳动能力的中老年人从事小区物业管理、环保绿化、安全巡逻、社区环卫和其他便民服务等，增加其家庭收入。

第三节　基于比较分析的搬迁农户生计困境

基于实地调查与深度访谈，上节从家庭收入来源、生活消费支出、社会保障水平、农民就业渠道等维度定性分析了沉陷区搬迁农户的生计隐患。从调研情况看，这些问题具有一定的共性和普遍性。本节基于典型村庄的调查数据，从农户视角定量分析典型农户搬迁前后的生计状况[①]，以期对搬迁农户的生计转型有一个直观的刻画与呈现。

（一）搬迁前后农户生计状况比较

1. 收入状况比较分析

对于采煤沉陷区的普通农户，农业收入、低保金、养老金三种收入是农户家庭收入的重要组成部分，由此可将农户分为三类：第一类是享受低保金和养老金的农户，这类农户年龄都在 60 周岁以上，家庭经济情况较差，属于老年贫困户；第二类是无低保、有养老金、有

---

① 本节的数据分析并不是基于大样本量的统计分析，而是对典型农户的小样本量的访谈描述，其目的在于引起地方政府和社会公众的注意。调研访谈的农户在沉陷区属于普通农户，在受灾群众中占有相当比例。

农业收入的农户，这类农户的年龄都在 60 周岁以上，仍有一定的劳动能力，能够从事简单农业；第三类是无低保、无养老金，家庭有劳动能力、能从事农业生产、有农业收入的农户，这类农户的年龄大多处于中年阶段，家庭生计压力较大。这三类农户基本代表了搬迁农户的主体构成。搬迁前，农户可以通过种地收入与伴生煤矿的隐性收入来维持家庭生计稳定；搬迁后，由于耕地远离居住地以及村企分离等原因，农业经营收入和煤矿隐性收入基本消失，这对农户的生计安全影响很大。大多数老年人的生活必须靠子女赡养，部分中年农民因缺乏劳动技能，就业困难，生活极其艰难。搬迁前后，典型农户的收入情况具体如下（表 8-1）。

第一类农户（有低保金、有养老金、无种地收入）的收入情况：调研时访谈到一位农户，原先居住在大同市南郊区鸦儿崖乡盘道村，据他介绍：在迁入新居之前，他享受政府低保金补贴 136 元/月，共计 1632 元/年；养老金 80 元/月，老两口共计 1920 元/年；享有村集体补贴 300 元，该部分补贴来源于煤矿企业；土地收入方面，家中有 2.3 亩耕地（旱地）被煤矿占用，补偿标准为 70 元/亩/年，每年耕地补偿收入 161 元；此外还有子女赡养收入，主要是以实物赡养为主，如给老人购买点营养品、日用品等，量化后计为 600 元/年。搬迁前，家庭年收入约为 4613 元。搬迁后，不再享受村集体的补贴，年收入降为 4313 元。

第二类农户（无低保金、有养老金、有种地收入）的收入情况：养老金 80 元/月，老两口共计 1920 元/年；村集体福利补贴 300 元；按户均耕地 2.3 亩计算，惠农补贴约 200 元，种一季玉米，每亩纯收入 500 元，种地收入约 1150 元/年；子女赡养计为 600 元/年。搬迁前，家庭年收入约为 4170 元。搬迁后，种地收入和村集体补贴均消失，家庭年收入大幅降低，约为 2720 元，严重影响了农户的生活质量。

第三类农户（无低保金、无养老金、有种地收入）的收入情况：农业收入方面，按户均耕地 2.3 亩计算，惠农补贴约 200 元，种地收入约 1150 元；村集体福利补贴 300 元；平时在煤矿周边打零工，收入不稳定。搬迁后，不方便再经营耕地，无法在煤矿周边打工，面临着择业就业困境。

表 8 - 1　　　　　不同类型农户搬迁前后的家庭年收入情况（单位：元）

农户类型	收入来源（户均耕地 2.3 亩）						年总收入	
	低保金	养老金	种地收入	耕地补贴	子女赡养	村集体补贴	搬迁前	搬迁后
第一类农户	1628	1920	0	161	600	300	4613	4313
第二类农户	0	1920	1150	200	600	300	4170	2720
第三类农户	0	0	1150	200	0	300	稳定	降低

2. 支出状况比较分析

农户搬迁前后，日常生活的支出项主要包括水电暖费用、物业费用、食品消费、日用品消费、医疗费用等。搬迁前，耕地种植粮食、房前屋后种菜，基本能够自给自足，除了日常购买必要的肉蛋奶等营养品外，食品方面的开支很少。多数沉陷区村庄与煤矿有伴生关系，水电由煤矿免费提供使用；做饭与取暖主要是煤炭为主、木柴为辅，煤炭由煤矿补贴或在煤矸石中捡拾即可够用。因此，农户的开支主要集中在购买日用品、医疗开支、医疗保险与养老保险等方面。搬迁后，农户住进城镇化新社区，生活环境和生活方式发生转变，各种开支随之增加（表 8 - 2）。

（1）新房搬迁成本高昂——搬不起。实地调研时，访谈到一位 59 岁的朱阿姨，她介绍：她家搬迁后的生活非常困难。她们村是 2014 年以"村庄压覆资源换搬迁"模式进行搬迁的，她家的安置新房有 75 平方米左右，按照户均 60 平方米进行补助，每平方米造价 2014 元，户均搬迁成本为 12.1 万元，按农户个人出资 10% 计算，需要支出 1.21 万元的份额钱。她家的新房比补贴标准多出 15 平方米，按造价计算，需要补交 1.51 万元。也就是说，她家的搬迁费用需要支出 2.72 万元。这还没有计算装修新房的费用，据南郊区鸦儿崖乡老窑沟村的另一位农户介绍，从旧村搬下来入住新社区成本太高，光装修房子，就得花掉 5 万元。搬迁费用虽然是一次性支出，但对于大多数普通农户来讲，却是一笔巨大的开销。

（2）新增水电暖和物业的开支——住不起。根据访谈情况，我们简单计算一下农户的水电暖和物业开支。根据四方嘉苑（安置新区）物业介绍，他们的物业收费标准是 0.6 元/平方米/月，按上述朱阿姨家 75 平方米的房屋计算，一年的物业费支出为 540 元；水费是市政标准 3.8 元/吨，平均每月用 4 吨水，一年的水费约为 182 元；电费 0.48 元/度，节省用电平均每月至少 10 块钱，年计 120 元；取暖费 1480 元/年，访谈时还没有缴纳。仅水电暖和物业费开支，她们家的净支出增加了 2322 元，挤占了其他的生活开销。最后，朱阿姨说道："不是不想住，实在是住不起啊。"

（3）食品支出与生活成本增加——吃饭难。日用品方面的消费差异不大，主要是食品开销增加。过冬蔬菜主要是大白菜、土豆、粉条，老年户的米面主食主要由子女提供，食品均需购买，生活成本增加，必要的肉蛋奶等营养品消费减少，生活质量有所下降。

（4）必要的养老保险和医疗保险费用。未满 60 周岁的农民，每年还需缴纳 200 元的养老保险、180 元的医疗保险。"养老金必须交，以后就靠它生活了"，这句话可以感觉到他们的辛酸与无奈。医疗费用方面，大病住院才能报销，慢性病和常见病的医疗费用压力大。

（5）人情世故开销增加——生计难。大家入住新村人情世故明显增加，到亲戚、朋友家参加"婚宴"、"乔迁"等，少则上礼一百，多则三五百，有的没钱，只好借钱赴宴，花尽了多年积蓄，加重了农民负担。

表 8 - 2　　　搬迁前后农户家庭年支出情况（单位：元）

项目类		搬迁费用	物业费	水费	电费	取暖费	食品支出	保险支出	人情支出
支出	搬迁前	0	0	0	0	0	很少	380	较少
	搬迁后	5 万以上	540	182	120	1480	增加	380	增加

3. 搬迁后农户家庭收支失衡

从三类农户的家庭收支情况看，搬迁后三类农户的家庭收入均有所减少，特别是第二类和第三类农户，减少的幅度较大；农户的家庭支出均明显增加。总的来看，搬迁后农户家庭收支状况呈现为失衡状态。对于第一类农户，享受有农村低保，子女们适当补贴一些生活费也能勉强维持生计，受到的影响相对较小。第二类农户是无低保的老年户，作为主要收入来源的种地收入消失，生活开支明显增加，必须依靠子女赡养才能生活，生计安全受到的影响较大。第三类多为中年农户，搬迁安置打破了原有的生计模式，上要赡养父母、下要培养子女，转岗换业是其面临的最大难题，家庭生计受到很大冲击，甚至出现因搬迁而致贫。因此，农户迁入新区后，如何保证家庭收支平衡，消除农户搬迁前后的心理落差，成为地方政府面临的一大难题。

（二）保障农户生计安全的对策

1. 探索搬迁农户增收新途径

途径一：各村集体预留部分门面房，为搬迁户提供就业创业机会。口泉乡甘河村就推行这种方式，据村主任介绍："我们打算为无地、无生活来源的农户提供 10 平方米的门面房，如果没有经营能力，则村集体统一出租，收回租金后统一发放给村民。"

途径二：创设公益岗位，为有一定劳动能力但就业困难的农户提供增收机会。创设新区保洁员、公共设施养护员、安保员和巡逻员、旧村护林员等公益岗位，优先考虑就业困难户和贫困户。但是，公益岗位的工资发放需要有集体收入作为支撑。因此，盘活本村集体资产、增加村集体收入成为关键。

途径三：推进旧村土地整治与土地流转，发展规模经营。引进农业公司或成立合作社，按照"宜种则种、宜养则养、宜林则林、宜光则光"的原则，如种植花卉、中药材、耐旱林木或发展光伏、风能等清洁能源，促进农户增收、村集体创收。

途径四：通过谈判，重新建立村庄与煤矿的利益联结机制。地方政府、村集体、农户代表等相关利益主体要加强与煤矿企业的沟通协调，鼓励煤矿对搬迁村庄继续进行社会救助，为村里年轻人提供就业岗位和就业机会。

2. 减少农户日常支出，缓解生活压力

地方政府需高度重视搬迁后农户家庭收支不平衡的问题，警惕农户因搬迁而致贫、无就业而回迁等现象发生。从农户生计安全方面考量，帮助村集体和农户拓宽增收渠道、实现"开源"是关键，但减少农户家庭刚性支出、实现"节流"也很重要。地方政府应大力整合现有的各类民生资金，灵活运用土地政策筹集资金，为新社区搬迁户提供水电暖、物业、食品等方面的减免优惠政策。实地调研时，课题组分别访谈了四方嘉苑（安置新区）两个片区的物业管理情况，了解到：新搬迁户的物业管理费为 0.6 元/平方米，而同煤集团片区住户的物业管理费为 0.3 元/平方米

（实际上是煤矿给职工家庭进行了补贴），价格高出了一倍。因此，如何减少搬迁户的刚性开支是缓解其生计压力的关键问题。建议由地方政府成立专项基金，对搬迁户的水电暖、物业费用进行一定年限的专项补贴，如3年或5年，待农户家庭生计稳定后逐渐取消补贴；在新社区建立蔬菜、食品直销店，通过政府补贴或减免摊位租金的方式降低直销店的经营成本，为农户提供价格相对低廉的蔬菜和食品。总之，可通过多种方式为搬迁户节省生活成本，缓解农户的生活压力。

3. 重视解决搬迁农民的社会保障问题

从调研的实际情况看，搬迁户的社会保障问题集中在老年人养老方面，也是短期内亟须解决的关键问题之一。首先要保障老年人的生活质量，除居家养老等基本方式外，鼓励整合社会养老资源，大力发展社区养老、机构养老等新模式，探索"以房养老"等新方式。新社区的基础设施建设是实现社区养老的基本条件，配套建立老年人活动中心、棋牌活动室等公共场所，实施"阳光老年生活"工程，保障老年人心情舒畅愉悦。其次，重视对社区工作者的培训，特别是对生活不能自理的老年人护理工作方面，提高专业化服务水平。常规性组织志愿者活动，深入社区走家入户送温暖；建立养老社会服务机构，政府购买服务，整合养老机构，形成一定规模的养老服务市场。

第四节　重构新社区治理主体：社区理事会

（一）搬迁前后的村庄治理形态

1. 搬迁前，以村域为基础的村民自治

采煤沉陷区的村庄与中国广大的传统村庄一样，土地是农民最重要的资源和资产，农民的生产生活方式与土地息息相关，土地是农民的根。经济基础决定上层建筑，生产方式决定了组织管理形式。土地是农民的生产资料，村庄管理又以土地为中心，这种管理模式可以说因土地而生，又因土地的改变而改变。因为农民与土地是血脉相连的，所以村干部对农民的管理也是以土地为基础进行的。村干部的主要职责是管理好本村土地的分配、使用与保护，农民对村干部的选举大部分考虑到经济问题，如带领农民发展与致富。农民之间的关系都是由地缘联结起来，主要表现在：即使

是隔壁村的人，在本村的人看来也是外地人；本村村民只听从本村干部的安排，而其他村的村干部是谁农民并不关心，因为在土地上是有界限的，在行政管理上也管不着。这就是采煤沉陷区的村民在搬迁以前的政治生活。农民依土地而生，村庄管理也依地域而进行。

2. 搬迁后，"一区多治"导致管理混乱

对于采煤沉陷区的受灾群众而言，村庄搬迁意味着其居住地由原来的村庄变为新社区，其身份由村民变为居民。从山西省的实践情况看，虽然也出现了货币安置、分散安置、易地重建安置等多种模式，但新社区集中安置仍是地方政府采用的主要模式。因为新社区建设既节省宝贵的土地资源，又有利于基础设施集中配套和降低投资建设成本。这种情况下，将会有多个村庄的村民安置在同一个新社区之中，这些村庄可能隶属于同一个乡镇，也可能隶属不同乡镇。新社区里，居民享受的社区公共资源是一样的，但每个村庄仍保留着原有的组织机构（村两委），居民在接受管理和参与公共事务方面是有差别的。一方面，虽然村庄迁入新社区，但搬迁政策中并没有村庄组织机构重建的经费预算，村两委没有了办公场所和活动空间，不利于本村居民的组织管理。另一方面，跨乡镇迁入的新社区居民来源复杂，同一社区的不同片区归属不同的村庄管理，很容易发生"一区多治"的混乱局面，例如社区公共设施管护、公共空间维护以及供水、供电、供暖找不到统一的组织来管理等。因此，如何解决新社区治理与管理的混乱局面，成为一个亟须解决的难题。

（二）重构治理单元是解决问题的关键

针对新社区的管理混乱问题以及居民聚居引起的组织协调困难问题，解决的根本办法是根据居民的社区化组织形式与享受的公共资源特征等，对社区的治理单元、治理方式、治理规则进行重构。一方面，新社区的公共资源是全体居民所共有的，优良的社区环境需要大家共同维护和营造，因此每位居民都必须遵守社区共同的管理规则。另一方面，由于农民是被动搬迁的，被迫改变了生产生活方式，所以地方政府有责任解决好农民的生活与就业问题。因此，迫切需要组建能适应社区管理需求、具备新服务功能的社区治理组织机构。

1. 建立社区综合治理理事会

要实现新社区治理有效，必须选择适宜的治理单位。考虑到由若干搬迁村组成的新社区和成熟的城市社区之间的差距，村民与市民之间的差别，建立城市型居委会可能不符合实际情况。一方面，城市型居委会是由城市居民组成的基层群众性自治组织，一般以 100—700 户居民设立一个居委会；而新社区往往人口规模较大，有的可达数千人乃至数万人，居委会的管理形式和管理机制可能不适应。另一方面，新社区的居民仍是农民，搬迁前的公共事务管理方式是村庄自治的，搬迁后生活方式和组织管理方式骤然转变，需要新的管理机制来应对和处理新环境带来的新问题。因此，可以尝试建立一种介于村委会和城市型居委会之间的过渡组织形式——社区综合治理理事会（以下简称理事会）。形式上，理事会由全体社区居民选举产生；义务上，理事会主要负责协调、解决新社区居民的现实需要和各种困难。

2. 社区综合治理理事会的构成

人数规定：遵循效率优先、保障民主的原则，理事会应该根据公共服务的需求和工作量进行人员设置。新社区的公共事务具有复杂性和多样性的特点，理事会成员既不能像城市型居委会那样设立 5—9 人，也不能像村委会一样根据国家平均状况设立 3—7 人，应该比城市型居委会的人数稍多，具体可按照实际情况而定。为了方便讨论和决策，成员数应为单数。

成员构成：根据效率原则，可在各个村原有的村两委班子中推选；根据民主原则，为使每个村都有代表，可规定每个村推选的代表不超过 5人。根据新社区治理的实际需要，理事会成员应该具有财务方面与物业方面的管理能力，如果缺乏相关人员可以外聘。同时，成员应该广泛地听取民意，能够准确及时的表达居民的想法。

机构设置：根据实际情况，应该设立物业协调部、民意纠纷调解部、财会部、文化活动部等关键职能部门，并且建立固定的办公场所。必要时要请上级政府进行指导和监督。

3. 理事会的基本职能

其一，帮助村民进行身份转变。理事会的文化活动部门可定期开展村民培训工作，介绍有关生活方式、卫生习惯、文明礼貌及社区居民需要知道的一些公知公约。这样潜移默化地使居民对社区生活产生新认识、对自己身份产生新认同，逐步提高居民的思想和素质，逐渐向市民转化。

其二，对村民进行就业培训。农民由旧村迁入新社区后，最先要解决的问题就是生存的问题。家庭收入缺少了农业收入来源，农民就必须掌握新技能来适应生计转型的现实需求。理事会可以积极争取上级部门的支持，定期请培训团队来对农民进行技能培训，使农民掌握一定的新技术来适应新生活。如可以培训特色小吃、手工艺品、特殊护理等方面的技能。

其三，与物业管理公司协商，降低农民的生活负担。农民迁入新社区后，生活成本急剧增加，短期内很难适应新区生活。因此，理事会可积极与物业管理公司进行协商，尽量降低费用或者延迟给付。

4. 理事会与原村组织的关系

原则上，理事会与原村两委组织在职能方面是相互独立的。财务管理方面，各村保留对本村土地的管理权、经营权和集体收益分配权。各村可以将旧村宅基地、闲置建设用地进行盘活经营，并折股量化到具体农户，增加村集体收益和农户财产性收益。理事会成员的工资与活动经费可申请上级政府的经费资助或由各村按照人数规模的比例出资，各村的资金来源可由村集体收入拨付。村务管理方面，短期内各村的内部公共事务仍由原来的两委班子进行管理，与理事会互不干涉；长期来看，实现新社区统一管理仍是基本趋势。

第九章 山西省采煤沉陷区转型与振兴发展策略

采煤沉陷区村庄搬迁后，区域人地关系发生剧烈变化，土地整治利用和沉陷区转型发展直接关系到搬迁农民的生计安全问题及相关主体（地方政府、煤矿企业、村集体等）的切身利益。因此，重塑沉陷区"人—地—业"等关键要素的耦合关系，促进沉陷区产业转型与振兴发展，也是沉陷区治理的重要内容。

第一节 村庄搬迁对沉陷区人地关系的影响

（一）农民与土地的关系割裂

在中国的传统农村，土地是农民最重要的生产生活资料，农民与土地之间维系着直接的生产关系。采煤沉陷区的村庄亦是如此。搬迁前，农民依靠农地获得基本的生活保障。调研发现，沉陷区农地的利用方式主要有三种：一是种植粮食作物和蔬菜瓜果，满足农民基本的口粮需求且获得农业收入。二是退耕还林，部分村庄在搬迁前已经实施了退耕还林政策以期恢复沉陷区生态环境，土地承包经营权仍然归农民所有，农民享有国家退耕还林补贴，标准为每亩九十元。三是发展个体养殖，部分农户以养殖业为生（养牛、养羊），牲畜的食物来源是以山地坡地上自然生长的草料为主，投资小、成本低，养殖收入可以维持农户家庭生活需要。搬迁后，农民的土地承包经营权仍然存在，但农民与土地的直接生产关系却被割裂，农民无法通过土地获得经营收益。一方面，搬迁后农民远离耕地，耕作半径大幅增加，返回旧村种地需要付出更多的交通成本和时间成本，导致农民有地难种、耕地撂荒。另一方面，搬迁后土地整治工作推进缓慢，大量的土地闲置、抛荒，较难引进种植大户、农业合作社、农业龙头公司等新型经营主体，土地流转与再利用困难重重。

这种情况下，重塑农民与土地的关系至关重要，实现土地资源向家庭财产转变、经营收益向资产收益转变。加快推进村庄土地整治进度，鼓励和引导社会主体参与土地整治工程，培育特色种养合作社和引进农业龙头企业并重，促进土地流转和规模经营。要用活土地政策（三权分置、增减挂钩、贫困县指标交易等），创新土地盘活利用机制（互换、流转、入股、合作、联营、租赁等），让农民能够通过土地获得资产性收益。对于整治后农用价值不大的土地，可用于太阳能、风能、生态恢复等用途。如大同市结合采煤沉陷区的地形地貌、气候条件等因素引入光伏产业，将村庄搬迁后抛荒、闲置的土地充分利用起来，带动沉陷区产业转型发展，也为村集体和农民带来可观的收益。

（二）村庄与煤矿的关系割裂

长期以来，采煤沉陷区的村庄与煤矿企业存在密切的利益联系，村民的生产生活与煤矿息息相关，村庄、村民、煤矿之间形成一种复杂的伴生关系。其一，村集体以破坏土地、生态、道路等为由，通过村企谈判、集体抗议、堵路威胁等方式，向煤矿企业争取利益补偿。这部分利益可作为村集体收入，用于村庄公共事务开销或提高村民福利。如大同市左云县 D村，由于煤矿生产对当地的生态环境破坏严重，造成耕地沉陷、房屋受损、地下水污染等，村民便联合起来在运输煤炭的交通要道堵路，向过往车辆强制要钱，最终煤矿答应每年给予村里一定的现金补偿。其二，农民依托煤炭资源解决自身就业问题。小部分村民在煤矿企业上班，为煤矿的正式职工；仍有相当一部分村民从事与煤矿相关的工作，如煤炭运输、煤矿临时工、填埋煤矸石、服务行业（餐饮、修理、洗浴、商店）等。其三，煤矿为村民的日常生活提供直接福利。煤矿企业为村民提供了部分公共服务，如免费为村民供水、供电、发放燃煤。村民除了领取分到的煤炭，还可以在煤矿拾捡煤球贴补家用。综上可见，搬迁前村庄与煤矿存在着紧密的伴生关系，实质上是围绕煤炭开采而形成的利益联结与共享机制。

客观地讲，村庄搬迁割裂了二者之间的伴生关系，之前从煤矿获取的各种直接的或隐性的利益随之减少甚至消失。围绕煤矿企业的就业机会减少，村民就业从煤炭相关行业中逐渐剥离；农民的生产生活远离煤矿，村庄与煤矿的谈判能力减弱，通过非正规手段从煤矿获取利益补偿的机会降低；农民迁入新社区后，煤矿不用再提供水、电、煤等福利，农民的生活成本急剧提高。因此，重建村庄与煤矿之间的利益共享新机制，对于村庄向社区过渡、农民向居民过渡尤为重要。具体可从以下三方面推进：一是，重建村庄与煤矿的对话协商机制，改变利益获取方式。地方政府应积极搭建协商平台，引导村庄煤矿平等谈判，变暴力对抗、冲突威胁为和谐对话，寻找各方的利益平衡点。二是，鼓励煤矿企业承担相应的社会责任，维持原有的利益补偿水平或逐步降低补偿。搬迁以后，鼓励煤矿延续以前的利益支出，可将原有的实物补偿转化为货币补偿，为搬迁农民补贴一定比例的水费、电费、物业费等，降低农民的生活负担，具体可协商出一个补贴年限（如3—5年），帮助农民尽快适应新社区生活。三是，发挥好村两委的"衔接者"作用，保护村民利益不受损。健全基层民主制度，加强煤炭补偿款项的财务公开，保证农民对集体财产的知情权和监督权；深入了解农民意愿，聚合农民利益诉求，代表农民利益与煤矿对话，同时做好煤矿企业的传达人，增强农民与煤矿企业的沟通、理解。

（三）农民的乡土情感割裂

对于农民来讲，土地是生产生活资料，村庄是居住活动空间，土地和村庄上附着有农民强烈的乡土情感。搬迁之前，村庄是相对封闭的熟人社会，村民之间知根知底、抬头不见低头见，邻里间走亲串户交流、街角巷尾攀谈，大家在频繁的交流、协作、互动中获取理解与温暖。逢年过节时，村里举办庙会、社火、唱戏等公共活动，更是一方土地传承下来的文化习俗的表达形式。乡土的生活方式、亲厚的邻里关系、丰富的民俗活动，都与农民生活息息相关，承载着农民的生活文化与传统。搬迁后，新社区成为多个村庄的聚居空间，变成开放型的半熟人社会，居住人群复杂，短时间内农民有很强烈的陌生感。楼房式的居住环境减少了村民之间的相处与交流，村民开始从事不同的职业、接触不同的人群、接受不同的文化，从封闭到开放，甚至有些无所适从，总感觉自己是"外来人"。他们更怀念那种知根知底的邻里关系、慢节奏的生活方式和乡土归属感。同时，故土承载着他们的人生回忆、生活故事与情感寄托，每逢清明节和父母忌日，搬迁的农民都要回旧村扫墓上坟，缅怀先辈。而对于七八十岁的老人，他们的一生都在旧村度过，搬离故土对他们来说情感上的伤害更大。因此说，村庄搬迁割裂了农民的乡土情感。

采煤沉陷区治理也应充分关注搬迁农民的情感需求，帮助其尽快适应新环境和新生活。一是，重拾旧村记忆。可以通过上级政府拨款、相关利益主体出资、乡贤企业家捐助等形式积极筹措资金，建立村庄记忆展览室，陈列旧村村容村貌、农业生产、风土人情、文化传承、典型故事的相关照片、书籍、物品等，展览室公开对外开放，并建立相应的管理制度。二是，组织文化活动。通过组织开展农民书画展、社区歌手大赛、农民秧歌会演、民间技艺比拼等文化活动，鼓励农民积极参与，丰富农民的文化生活；保护民间传统技艺与习俗，避免优秀的传统文化因村庄搬迁而断层或消失。三是，设立固定的日期组织村民返回旧村开展必要的公共活动，如在清明节期间安排车辆，为返村祭祖的村民提供便利。

第二节　沉陷区土地整治与盘活利用的建议

采煤沉陷区的土地利用具有典型性：一方面，长期以来大规模、高强度的煤炭资源开采导致沉陷区地面沉降、地表水断流、潜水层破坏，加重了土地干旱程度，部分耕地不再具有耕作价值，林地和草地发生退化，对当地的农业用地和生态用地造成巨大影响。另一方面，村庄搬迁后，农民远离原有的土地，耕作不方便，大量耕地面临着无人耕种的窘境，不利于本地区的耕地保护。因此，沉陷区村庄搬迁后，如何有序推进土地综合整治、盘活土地资产、高效利用土地，成为今后沉陷区综合治理的难题之一。

（一）沉陷区土地整治与利用方向

1. 耕地整治与土地流转

山西省15.6万平方公里的国土面积，山地丘陵占80%左右，平川河谷占20%，从全省的宏观地形地貌条件看，存量耕地保护与高效利用尤为重要。采煤沉陷区多处于山地丘陵区，村庄搬迁使得村民远离旧村和承包地，耕作半径大幅增加，加之土地干旱、贫瘠，生产能力和产出效益十分有限，大多数农民不愿意也无法再耕种土地，导致大量的耕地闲置、摞荒。从土地流转的角度看，沉陷区土地表现出面积大、地块集中、流转成本低、流转意愿强烈等特点，非常适宜由新型经营主体进行规模经营。因此，鼓励土地流转、加快流转速度、放宽土地经营限制，引进新型主体开展规模经营，发展特色种养产业，则是沉陷区土地再利用的重要方向之一。

2. 土地整治与生态恢复

长期以来，大规模、高强度的煤炭资源形成了大面积的采空区和沉陷区，区内地质灾害频发、地裂地陷严重、地表水系与地下水层破坏，生态环境日益恶化，成为采煤沉陷区普遍面临的一个共性问题。近年来，绿色发展理念和生态文明建设已经成为全社会共识，山西省也开展了"两山七河"生态系统保护修复、矿区生态保护与修复、退耕还林与荒山绿化等工程，在生态建设方面做出了诸多努力。对于采煤沉陷区而言，生态修复与治理已刻不容缓。沉陷区村庄搬迁后，部分耕地（如山坡旱地、位置偏远或破坏严重的耕地）不再适宜耕种，部分闲置建设用地、荒山荒坡等不适宜农业开发利用，则应按照"宜林则林、宜草则草"的原则，进行土地整治与生态重建。这也是沉陷区土地再利用的一个重要方向。

3. 用途转换与非农利用

山西省是典型的资源密集型地区，煤炭资源开采与煤化工产业曾经带动经济高速增长，但在去产能和经济结构调整的宏观背景下，全省面临着巨大的产业转型压力。采煤沉陷区的村庄搬迁后，遗留下大量的废弃旧村、抛荒耕地、闲置土地等，由于自然条件及历史原因，有些土地既不适合耕种，也不具备退耕还林的价值，但可通过用途转换用于非农产业建设。若能通过灵活的土地政策，将这类农用价值不高的土地用于发展其他产业，将会促进沉陷区产业转型和当地经济发展，也有利于为村集体和农民创造增收渠道。例如大同市利用采煤沉陷区土地大规模发展光伏产业，成为大同产业转型的重要内容。因此，充分利用沉陷区闲置的土地资源，根据实际需求转变土地用途，用于发展非农产业，也是沉陷区土地盘活利用的有效途径。

（二）土地盘活利用的障碍因素

1. 土地制度限制

耕地保护是地方政府的重要任务，地方干部对于耕地保护和18亿亩红线十分"敏感"。干部访谈时普遍反映"土地问题是沉陷区综合治理工作中遇到的最大的问题",一旦涉及耕地问题,整个工作就较难推进。根本上看,我国现行的耕地保护制度与政策符合农业大国和人口大国的基本国情,对于保障国家粮食安全十分必要。然而,采煤沉陷区范围内的土地利用情况特殊,现行耕地保护制度并不完全适用于沉陷区的实际情况。例如,大量名义上的耕地不适宜再作为农业用地,但由于耕地保有量不能减少、耕地占补平衡等制度约束,限制了沉陷区土地成片开发与非农利用。可以说,土地制度约束是沉陷区土地再利用的最大障碍。

2. 资金安排缺乏

山西省政府发布的《治理规划（2014—2017年）》和《工作方案（2016—2018年）》中,并未对沉陷区土地整治与盘活利用安排专项资金。按照上述两个文件,沉陷区治理资金是由国家投资、省级投资、市级配套投资、县级配套投资、企业配套投资和居民个人出资构成。调研发现,按上述途径筹集的资金几乎全部用于村庄搬迁与村民安置,而且实际中仍然存在资金缺口。也就是说,沉陷区治理的现有资金要高质量完成搬迁安置任务都很困难,更无从谈起村庄搬迁后的土地整治与再利用问题。无论是旧村整治发展规模经营,还是退耕还林进行生态恢复,或是用途转换发展非农产业,都需要开展土地整治工程,需要巨额的资金预算。就目前情况而言,资金不足是沉陷区土地整治与再利用的又一大障碍。实际上,地方政府、煤矿企业、村集体及农民个人等主体也不可能有过多的资金投入到土地整治中,只有通过机制创新,吸引社会资本参与土地整治及后期的经营利用,才能盘活沉睡的土地资产,为地方政府、村集体和农民带来收益。

3. 多主体利益矛盾

土地整治与盘活利用涉及农民、村集体、地方政府、相关企业等多主体的切身利益,各方利益难以平衡也是相关工作推进缓慢的原因之一。在土地盘活利用过程中,村集体作为土地所有者、农民作为土地使用者,肯定会最大程度争取自身利益;社会企业是市场主体,必然希望通过经营土地实现经济利益最大化;而地方政府则希望通过协调村企利益顺利实现土地盘活利用,促进沉陷区转型发展和农民增收,从而获得政治利益。土地整治工作是土地盘活利用的前置条件。对地方政府而言，《治理规划》中提到"国土资源部门负责居民搬迁后的土地复垦等工作"，但未安排专项资金、未明确工作进度，地方政府的工作重心仍在于村庄搬迁、农民安置、新区建设等方面，往往无暇顾及旧村土地整治复垦，以至于在沉陷区治理中普遍出现"重搬迁、轻治理"的现象。对相关企业而言，目前的土地整治工作全部由政府部门主导（立项、招标、施工、验收等全过程），社会企业无法自主参与土地整治工程。这就是问题的症结所在。本质上看，沉陷区土地盘活利用，既是利益再造的过程，也是利益再分配的过程。因此，理清各方利益主体的相互关系，通过机制体制的创新，合理分配土地经营利益，才能最大化的实现沉陷区土地资源的潜在价值。

（三）促进土地盘活利用的建议

1. 摸清土地状况，明确利用方向，征求特殊政策支持

沉陷区土地利用具有特殊性，调查摸清闲置土地的基本情况则是后续整治工作的基础。具体来讲：一是，由自然资源部门组织专业的调查队，实测摸清各村不同类型的土地面积及地质条件，包括可用耕地、受损耕地、宅基地、集体建设用地、集体荒山荒坡等地类，形成调查报告与现状图件，为后续的整治与利用提供基础支撑。二是，聘请专家团队，科学分析不同类型土地的盘活利用方向，形成整治与利用规划，预判土地盘活利用过程中可能遇到的约束条件，并提出可行建议上报自然资源部门。三是，组织相关专家到沉陷区进行专业细致的实地考察与论证，结合多方主体的意愿和想法，研究沉陷区土地盘活利用的方向与可行性，分析出台沉陷区土地利用特殊政策的可能性，特别是涉及耕地、林地、草地用途转变的相关法律法规与政策。四是，由地方政府将政策诉求上报山西省政府，再由省政府呈报自然资源部，征求特殊的土地政策支持，破解沉陷区土地盘活利用的制度障碍。

2. 明确省市县的主体责任，重视土地整治与利用工作

当前，全省采煤沉陷区综合治理工作已经进入深化期，地方政府应高度重视村庄搬迁后土地整治与盘活利用工作，这不仅有利于盘活沉睡的土地资产、增加农民的财产性收入、使搬迁农民在新社区能够"稳得住"，也能够促进沉陷区的产业转型与振兴发展。因此，建议：其一，各级政府

高度重视土地盘活利用问题，可由省级部门成立专门的工作小组，负责筹措土地整治与盘活利用专项资金，在符合相关法律政策的范围内下放土地项目审批权，为地方政府提供强有力的支持；其二，市县级政府作为直接的责任主体，应认真研究村庄搬迁后的土地详细情况与盘活利用方向，做好土地整治与盘活利用规划并组织实施；其三，各有关的乡镇政府具体负责土地整治项目的实施工作，配合上级政府调查摸清各村的土地现状情况，认真落实各项具体工作。

3. 积极引进社会企业参与，合理协调各方利益分配

针对地方政府财政投入压力过大的现实情况，突破现有制度与政策限制、大胆创新工作机制，吸引社会企业参与到沉陷区土地整治与盘活利用工作中，则成为关键所在。对于煤矿主体仍然存在的沉陷区，一方面，按照"谁破坏、谁治理"的原则，由煤矿企业筹集一部分复垦资金；另一方面，可由地方政府或煤矿企业通过社会关系网络遴选合适的涉农企业出资参与土地复垦与利用，并以一定年限的（复垦的）土地使用权作为工程费用的补偿，前提是需要征取村集体和农民的同意。对于采矿主体灭失的历史遗留沉陷区，则只有通过政府部门放宽审批管理权限与准入条件，吸引社会企业参与土地整治与复垦，并以一定年限的土地使用权作为补偿，年限到期后优先考虑将土地流转给该企业。社会企业进驻后，应制定详细的土地整治规划、土地复垦标准、土地利用方向等，地方政府尽量给予政策、机制、行政审批等方面的支持，确保相关工作能够顺利推进。

引入社会企业参与沉陷区土地整治与盘活利用工作，实质上也是平衡各方利益的过程，盘活土地资源、共享经营利益，实现多方共赢的局面。在这个过程中，省级政府要扮演好"推动者"的角色，在制度政策、审批管理权限、政治激励等方面给予地方政府大力支持，允许地方大胆尝试、大胆创新；县级政府要扮演好"协调者"的角色，积极引入社会企业，协调各方利益主体的关系，在保障企业基本利润的前提下，要确保村集体和农民能够受益，为民争利，让利于民；村集体要扮演好"组织者"的角色，积极配合上级政府的相关工作，充分了解村民的意愿，组织好村民积极参与，合理表达诉求。

第三节　光伏产业：沉陷区产业转型的新模式

沉陷区村庄搬迁后，闲置的土地资源如何有效利用成为新的难题。由于产能低下、地类复杂、区位偏远、地质条件等因素限制，沉陷区土地盘活利用与产业遴选需慎重考量，宜农则农、宜林则林、宜养则养、宜旅则旅、宜建则建。大同市位于山西省最北端，辖区总面积 1.4 万平方公里，2018 年底常住人口 345.6 万人，是国务院批复的晋冀蒙交界地区中心城市之一，也是山西省省域副中心城市。大同市境内含煤面积 632 平方公里，累计探明储量 376 亿吨，是中国最大的煤炭能源基地之一和重要的综合能源基地，素有"中国煤都"之称[①]。但由于长时期、高强度、大规模的煤炭开采，在大同市南郊区、新荣区和左云县形成了多达 1687.8 平方公里的采煤沉陷区[②]，沉陷区部分村庄整体搬迁以后，大量土地闲置，农民增收、产业发展与生态环境治理任务尤为迫切。因此，大同市有效整合各类优势资源，探索出发展光伏产业与生态环境恢复相结合的林光互补一体化发展模式，为沉陷区土地盘活利用探索出一条可行路径。

（一）优势与条件

1. 充分的资源条件

大同市位于黄土高原东北边缘，与内蒙古高原相邻，全年阴雨天少，光照资源十分丰富，年均日照时长为 2800 小时，仅次于青藏高原。大同全境呈现为西北高、东南低、由西北向东南倾斜的地形特征，地形条件与光照角度适宜发展光伏产业。大同市的采煤沉陷区共涉及南郊区、新荣区、左云县的 13 个乡镇，受影响面积达 1687.8 平方公里。村庄搬迁后，大量的废旧宅基地、受损耕地、低丘缓坡等土地资源闲置，可以有效解决规模化光伏产业基地的用地需求。按照大同市的规划，从 2015 年到 2017 年 3 年时间建设 300 万千瓦先进技术光伏发电项目。其中，南郊区 100 万

---

① 引自"百度百科—大同"，https://baike.baidu.com/item/大同/9011? fromtitle.
② 引自《大同采煤沉陷区国家先进技术光伏示范基地项目管理办法》，大同市人民政府网。

千瓦，左云县 120 万千瓦，新荣区 80 万千瓦。2017 年以后继续发展①。

2. 完善的电网设施

大同市素有"煤都"之称，火电产业发达，每年向京津冀地区输送 300 亿千瓦时的电量，促使大同市建成了相对完备、结构合理、有充分吸纳能力、接入条件良好的输配电网，可为发展新能源产业提供强大的电网支撑。加之，近年来国家逐渐加大雾霾治理力度，国家能源局此前计划在晋北地区建设一家清洁能源基地，借以调整输向京津冀地区的二次能源结构来推进雾霾治理工作②。大同市很快抓住了这一机遇，大力整合自身的资源优势，迅速落实为具体行动。

3. 优越的政策支持

大同市发展光伏产业具有独特的优势条件，但还需积极抓住政策机遇。大同市可以借助国家绿色发展和清洁能源相关支持政策、山西省国家资源型经济转型综合配套改革试验区相关政策、采煤沉陷区综合治理相关政策及大同市支持煤炭产业转型发展和光伏产业示范基地建设相关政策，叠加各项政策的有利条件，形成合力，促进光伏产业快速发展。

（二）瓶颈与约束

1. 主体众多，协调费力

采煤沉陷区综合治理涉及地方政府、煤矿企业、村集体、农民以及相关的社会企业等多方主体，不同主体对于沉陷区土地整治与再利用、产业发展方向、利益分配机制都有自己的意愿和诉求，将各主体的想法统一聚焦于光伏产业发展上，可能需要花费较多的沟通协调时间和成本。特别是沉陷区土地资源的权属主体复杂，协调起来费时费力。沉陷区内部错落分布着诸多村庄和煤矿企业，村庄的土地又承包给农民个人，土地被复杂的权属关系分割成细碎地块。建设规模化的光伏产业基地可能需要占地数千亩乃至上万亩土地，项目范围必然会跨村域甚至跨镇域，这就涉及众多农民、若干村庄以及相关煤矿企业的利益，需要地方政府作为"中间人"努力协调。此外，建设光伏产业基地涉及的部门众多，包括发改、国土、

---

① 引自《大同采煤沉陷区国家先进技术光伏示范基地项目管理办法》，大同市人民政府网。

② 引自"煤都大同何以做起光伏梦"，《中国能源报》2015 年 10 月 12 日第 17 版。

住建、林业、农业、工信等部门，以及国家主管部门的支持，需要强有力的组织保障和国家特殊政策、绿色审批渠道的支持。

2. 用途管制，规模受限

光伏电站具有无噪声、无污染、安全可靠、能源质量高等优点，但阳光照射的能量密度小，需要占用大量的土地面积铺设太阳能板，才能产生稳定的发电量。因此，光伏电站集中连片、成规模的布设才是理想状态。大同市采煤沉陷区影响范围广、闲置土地面积大，除了权属主体众多外，地类多样与用途管制也对规模化布局光伏电站造成很大影响。沉陷区范围内分布着村庄建设用地、工矿废弃地、耕地、林草地、荒山荒坡、滩涂等多种地类，特别是耕地、林地、滩涂等受到严格的法律保护，不能轻易占用。实际上，沉陷区的耕地中坡耕地和旱地占比较高，二者都属于低产田，村庄搬迁后基本上都处于撂荒状态，加之地面沉陷、损毁与干旱，耕种价值并不大。大同采煤沉陷区的林地主要有两类，一类是普通林地，毫无疑问不能作为光伏电站建设用地，但有些林地的林木蓄积量非常低，经济价值和生态价值并不高。另一类是灌木林地，主要的植被是柠条，柠条耐旱、耐寒、防风沙，株高 40—70 厘米，其上建设太阳能光伏电板并不影响生长，可形成"林光互补"模式；然而灌木林作为林地，受到法律保护，将其转变为光伏电站建设用地困难重重。综上，从可行性的角度来看，区内的土地大多适宜发展光伏产业，但实践中由于受到用途管制的制约，从而限制了光伏电站的布设规模，客观上需要特殊的土地政策支持。

3. 投入巨大，回收期长

从实际情况看，搬迁农户就业安置与生计安全是采煤沉陷区综合治理的重要内容，但也是薄弱环节。当前，资源型地区经济发展面临着巨大的下行压力，光伏产业作为一种可带来持续收益的政策性产业，对于促进村集体与农民增收、吸纳社会就业、增加地方税收、助推本地区产业转型等具有重要意义。但建设规模化的光伏产业基地需要巨大的资金投入，需要引进资本与技术雄厚的大型（国有）电力公司进行投资运营，而且投资回收期比较长。精准扶贫以来，光伏产业作为一类基础性的扶贫产业在全国贫困地区快速发展，后续光伏发电的补贴下调已成为基本趋势，将会对光伏产业的收益空间带来较大影响。

（三）路径与建议

大同市采煤沉陷区发展规模化的光伏产业具备独特的优势，但同时也面临着多主体协调困难、土地制度限制以及前期投资巨大等制约因素。其中，多主体协调困难实质上是利益分配问题；前期投资巨大的问题，可以通过创新投资合作方式来解决，如资本雄厚的国有大型电力公司投资、地方政府融资、社会企业参股等多种模式；影响最大的还是土地制度限制。针对上述问题，大同市采取了一系列的创新措施，促进了大同采煤沉陷区国家先进技术光伏示范基地建设。

1. 引导土地流转，建立利益联结机制，实现多主体共赢

实践证明，沉陷区村庄搬迁后，盘活利用受损耕地、低丘缓坡等闲置低效用地发展规模化的光伏产业，是一条可行路径。但需要进一步明确沉陷区发展光伏产业的目的，不仅仅是盘活闲置土地资源、实现地方产业转型，更重要的是增加搬迁农户的财产性收入，保障搬迁农户的生计安全。从这个意义上讲，这与贫困地区发展光伏产业的目标是一致的。针对土地碎片化、权属复杂等问题，地方政府和村集体应积极引导农户进行土地流转，增加土地流转收入。更关键的是建立利益联结机制，将一部分光伏收益返还给村集体和农户，具体可按照农户的土地面积折股量化为光伏产业的虚拟股权，农民每年可以获得一定金额的收益分红。总之，引导农户土地流转和让利于民是协调多主体利益矛盾、实现共赢的根本途径。

2. 争取特殊的土地政策支持，按照实际情况进行用途转换

在全国范围内，严格的土地管控制度有利于保护耕地和林地，但在采煤沉陷区却需根据实际情况来判定。可将大同采煤沉陷区光伏示范基地作为特殊地区，纳入山西省资源型经济转型发展的整体规划，申请国家特殊的土地政策支持，"特事特办"。针对采煤沉陷区的土地现状，责成有关部门展开细致的土地现状调查，摸清大同采煤沉陷区的林地、弃耕地、低产田和山坡荒地的面积、位置、权属、用途等详细情况，并根据实际利用情况来确定哪些土地可以用于建设光伏电站，哪些土地可以用作其他用途。聘请有关专家和研究机构对大同采煤沉陷区的土地及相关问题进行专项研究。在调查研究的基础上，向国务院、有关部委和省委省政府提出大同采煤沉陷区土地规划调整和用途转换的特殊土地政策申请。

3. 注重光伏电站的"立体式"和"混合式"发展模式

大同市充分利用山西省资源型经济综合配套改革试验区"先行先试"的政策优势，抓住国家清洁能源发展政策以及国家能源局支持等战略机遇，大力推进光伏产业发展。沉陷区可根据地类现状情况，采用"光伏+设施农业"、"光伏+灌木经济林"等模式，提高土地利用效率和产出效益，实现经济效益、社会效益、生态效益相统一。具体地，大同市在撂荒地、受损耕地、坡耕地等低产田上布局光伏电站，将光伏发电、温室种植、牧草种植与畜牧养殖充分结合，实现农光互补模式；在低丘缓坡、荒山荒坡的灌木林地上布局光伏电站，不改变林地用途、不破坏现有植被、不影响灌木生长，将光伏发电、灌木林的生态保持和林下经济充分结合，实现林光互补模式。光伏电站布设过程中涉及占补平衡问题时，建议在大同市范围内统一平衡解决；大同市范围内解决不了的，则申请利用省级耕地储备库，在全省范围内进行调剂解决。总之，通过发展农光互补、林光互补等模式，实现了光伏产业"立体式"和"混合式"发展，实现综合效益最大化和多方协同发展。

下篇　农村人居环境整治

第十章 山西省农村人居环境现状：
基于实证调查

改善农村人居环境，建设美丽宜居乡村，是实施乡村振兴战略的一项重要内容，是决胜全面建成小康社会的重要举措。然而，当前我国农村人居环境状况很不平衡，脏乱差问题在一些地区还比较突出，与全面建成小康社会要求和农民群众期盼还有较大差距，仍然是经济社会发展的突出短板[①]。为加快推进农村人居环境整治，持续提升农村人居环境水平，2018年2月，中共中央办公厅、国务院办公厅印发了《农村人居环境整治三年行动方案》，计划用三年的时间重点推进农村生活垃圾治理、开展厕所粪污治理、梯次推进农村生活污水治理、提升村容村貌、加强村庄规划管理、完善建设和管护机制等六项工作。新时期，开展农村人居环境整治工作，要统筹考量农村生产生活生态现状，以建设美丽宜居村庄为导向，以农村垃圾、污水治理和村容村貌提升为主攻方向，动员各方力量，整合各种资源，强化各项举措，加快补齐农村人居环境突出短板。

"十二五"期间，山西省大力推进农村基础设施建设和城乡基本公共服务均等化，农村人居环境建设取得显著成效。近年来，全省围绕农村人居环境整治开展了"五大专项行动"，具体为拆违治乱、垃圾治理、污水治理、厕所革命、卫生乡村等专项工程，进一步提升乡村的宜居水平。但由于自然和历史原因，目前全省农村人居环境总体水平仍然较低，在安居条件、公共设施和环境卫生等方面与美丽宜居乡村的目标要求还有较大差距。进一步改善农村人居环境特别是生活基础设施条件和村庄环境整治，仍是当前和今后一个时期美丽乡村建设的重点任务。深入推进农村人居环

---

① 引自《农村人居环境整治三年行动方案》，新华社，2018 - 02 - 05。

境整治任务，首先应查清全省农村人居环境的质量状况，准确把握全省农村人居环境的现状特征，明晰当前农村人居环境建设的主要问题及其成因，在此基础上提出可行性建议，为后续开展相关工作提供借鉴参考。

第一节　实地调研与受访对象

（一）实地调研的基本情况

为清晰掌握山西省农村人居环境的现状特征与总体情况，2019 年 6—9 月间，山西大学城乡发展研究院组织调研团队开展了农村人居环境专项调研。

◆调研团队组织：调研团队成员主要由三部分构成：城乡院专任教师、城乡院博士硕士研究生以及在全校范围内招募的山西籍高年级本科生与研究生，共计 110 多人。专任教师带领本院硕博研究生分组开展典型村庄深度调查，招募的调研员利用暑假时间在老家村庄开展专项调研。

◆调研任务要求：考虑到村庄数据的全面性与真实性，要求每位调研员完成 1 份村庄问卷和 15 份农户问卷。填写村庄问卷时访谈的对象是村干部，基本要求是了解本村的总体情况，可以是村支书、村主任或者村会计；填写农户问卷时访谈的对象是普通村民，选择受访农户的基本要求是覆盖本村不同片区、覆盖不同年龄段、覆盖不同职业类型，保证样本具有代表性。

◆调研内容与形式：主要涉及村庄人居环境综合状况、村民对人居环境质量的总体评价、村民参与人居环境整治的愿望及行动意愿等内容。为便于后期的数据处理与问题分析，本次调查采用结构式问卷访谈形式。

◆有效问卷数量：调查结束后，将问卷进行回收与汇总，并安排专人进行问卷审查，最终得到有效的村庄问卷 87 份、农户问卷 1342 份。再由技术人员将有效问卷进行电子化处理，录入城乡数据库系统，方便数据保存与研究使用。

（二）调研对象的总体特征

1. 调研村庄的总体特征

本次专项调查共涉及 87 个村庄，其中 4 个城中村、6 个城郊村、77

个普通村庄，分别占比 4.6%、6.9%、88.5%。从村庄主要的地形地貌看，山地丘陵区的村庄为 51 个、平原区的村庄为 33 个，分别占比 58.6%、41.4%。受访村庄的经济类型主要是农业经济，占比 93.1%。可见，本次调查的样本主体是普通村庄，以农业经济为主，山地丘陵区的村庄较多，基本上能够代表山西省的传统村庄类型，也是农村人居环境相对较差、问题较集中、需要重点关注的村庄类型。

2. 受访农户的基本特征

本次调查获得农户问卷 1342 份，涉及山西省 11 个地市、57 个县（市、区）、87 个村庄，基本覆盖了山西省不同地区的村庄与农户。从受访对象的年龄阶段看，18—40 岁的受访对象有 285 人、41—50 岁的有 460 人、51—60 岁的有 314 人，60 岁以上的有 278 人，分别占比 21.3%、34.4%、23.5%、20.8%。从受访对象的职业类型看，从事务农的受访对象占比 66.1%、务工的占比 16.0%、做生意的占比 5.6%、其他职业的占比 12.2%。从受访对象的家庭构成看，核心家庭的占比为 59.0%、主干家庭的占比为 20.4%、空巢家庭的占比为 15.4%、扩大家庭的占比为 4.4%。数据统计分析表明，农户样本的年龄分布相对均衡，职业类型以务农为主，家庭类型以核心家庭为主，问卷数据能够反映全省农村的基本情况（表 10 - 1）。

表 10 - 1　　　　　　　　　问卷调查的受访农户基本特征

年龄阶段	占比（%）	职业类型	占比（%）	家庭构成	占比（%）
18—40	21.3	务农	66.1	核心家庭	59.0
41—50	34.4	务工	16.0	主干家庭	20.4
51—60	23.5	做生意	5.6	空巢家庭	15.4
60 以上	20.8	其他职业	12.2	扩大家庭	4.4

第二节　生活基础设施的基本状况

（一）村庄交通情况

村庄交通条件包括两个方面，即对外交通和村内交通。随着经济社会的发展和人民生活质量的提高，农民对于人居环境和生活便利的需求越来越高。就村庄对外交通而言，距离县城小于5公里（包含）的村庄为19个、5—10公里的村庄为13个、10公里以上的村庄为55个；尚未通公交线路的村庄有28个，居民出行非常不便。就村内交通而言，在被调查的87个村庄中，有27个村庄的村内道路存在砂石路段，尚未全部硬化；有10个村庄未实现"户户通"。农户调查中，25.7%的受访农户认为村庄道路条件"非常差、比较差"，35.2%的农户认为村庄道路条件"一般"，39.1%的农户认为村庄道路条件"比较好、非常好"；超六成的农户对村庄道路条件不满意。调查数据表明，部分农村的道路交通条件仍存在薄弱环节，具体表现为农村道路硬化、老旧道路改造、偏远农村通公交等方面。因此，近期内全省农村道路建设的重心应该是补缺与提质。

（二）安全饮水情况

农村饮水安全是指农村居民能够及时、方便地获得足量、洁净且负担得起的生活饮用水，是保障农民基本生活条件的重要指标之一。调查的87个村庄中，有2个村庄尚未通自来水、有10个村庄仍有少部分农户未通自来水，29个村庄没有居民饮水安全工程。调查的1342个农户样本中，有24.4%的受访农户认为村里饮用水质量"非常差、比较差"，有42.8%的农户表示村里饮用水质量"一般"，二者合计占比约七成；有32.8%的农户表示村里饮用水质量"比较好、非常好"。数据分析可知，全省农村自来水普及率较高，基本解决了农民的饮水安全问题，后续要解决的关键问题是提升饮用水水质，逐步提高水质达标率。

（三）农村住房情况

农村人居环境视域下，农村住房情况包括两个维度：一是村庄宅基地规划与房屋整体布局情况，是反映村庄整体容貌的重要方面；二是农民的住房安全情况，是保障农民基本生活条件的核心指标。问卷调查显示：（1）村庄建设规划方面，调查的87个村庄中，25个村庄（28.7%）表示有村庄建设规划，62个村庄（71.3%）表示没有村庄建设规划；关于村庄"是否有集中居住区"，26个村庄"有"、61个村庄"没有"。（2）村庄整体布局方面，有32.3%的受访农户认为本村的农房布局凌乱，希望通过规划、整治等手段优化村庄整体布局、提升村庄整体面貌；56.7%的农户认为村里房屋布局还可以接受。（3）农民住房情况，73.8%的受访农户表示自家的住房面积"基本够用"，仅有7.4%的农户认为自家住房条件狭小局促。（4）农村危房情况，72.1%的受访农户认为村里存在着危房问题，需要引起相关部门的高度重视；当问及"村两委能否有效推动农村老旧危房整治工作"，23.4%的受访农户认为只要村干部带头就好推动，也有同样比例的农户认为不好推动，53.3%的农户认为"看政府的补偿情况"。数据分析可知，村庄布局凌乱和农村老旧危房的问题较为突出，对村庄整体面貌影响较大；农民住房条件整体上较为良好，能够基本满足居民的日常生活需求（表10-2）。笔者认为村庄布局凌乱与老旧危房问题，一方面由于村庄建设规划缺位、执行困难，另一方面与农村的废弃农房、闲置土地、边角地等低效利用土地关联性强，需要国家层面制度改革与村庄层面建设规划协同推进才能有效解决。

表10-2　　基于问卷数据的村庄建设布局与危房整治情况（%）

村庄建设规划		村庄整体布局		危房整治意愿		
有	没有	布局凌乱	还可以接受	看政府补偿	容易推动	不好推动
28.7	71.3	32.3	56.7	53.3	23.4	23.4

第三节　公共服务设施的基本状况

（一）村庄教育、文体设施情况

村庄基础教育设施和文体活动场所是农村居民享受基本公共服务的重要保障。考察农村的基础教育设施情况，调研的87个村庄中，有40个村庄没有幼儿园、43个村庄有1所幼儿园、4个村庄有2所幼儿园；45个村庄没有小学、40个村庄有1所小学、2个村庄有2所小学。考察村庄的文体活动设施，43个村庄没有民间文化设施（如文化大院、大戏台等），13个村庄没有书报阅览室、30个村庄没有老年活动室、10个村庄没有健身广场，19个村庄在2018年没有组织过任何公共文化活动。村庄调查发现，幼儿园与小学的分布状况相似，接近半数的村庄没有基础教育设施，在很大程度上是农村适龄儿童减少和学校撤并的结果，该现象在传统农村具有普遍性；但一定比例的村庄缺乏文体活动场所与设施，这些农村居民的精神文化生活较难保障。

（二）村庄医疗资源情况

乡村基础医疗设施是广大农民健康保障的第一道防线，是农村公共服务设施的重要组成部分，建设目标是"小病不出村，预防在基层"。实地调研的 87 个村庄中，有 7 个村庄没有医疗诊所、没有医务人员；有 38 个村庄仅有 1 名医务人员；有 20 个村庄没有病床、7 个村庄仅有 1 张病床。问卷数据表明，相当一部分村庄的基础医疗设施处于短缺状态，而且这些村庄基本上属于非贫困村。近年来，全省深入推进精准扶贫工作，对贫困村的公共资源投放力度远远大于非贫困村，反而造成了贫困村的基本公共服务设施优于非贫困村的次生矛盾。因此，农村人居环境建设中应避免公共资源的政策性非均衡配置引发的不良后果。

（三）村庄公共服务中心情况

农村公共服务中心是农民办理健康、社保、教育等事务的主要场所，也是群众参加村庄事务、文体娱乐、宣传教育、信息交流等活动的公共空间，能够为农村居民提供综合性的公共服务。调查的 87 个村庄中，67 个村有公共服务中心、20 个村没有。村庄公共服务中心是否设有邮政服务中心或人员，35 个村庄的村干部表示"有"、52 个村庄表示"没有"。是否设有金融服务中心或办公室，24 个村庄表示"有"、63 个村庄表示"没有"。是否设有信息服务中心或办公室，53 个村庄表示"有"、34 个村庄表示"没有"。可见，进一步推进农村公共服务中心建设、完善服务中心功能设置、提高便民服务能力，应成为提升农村公共服务水平的重要内容。

第四节　农村垃圾与污水处理情况

（一）生活垃圾设施与垃圾处理情况

1. 农村生活垃圾收集与运转设施

农村生活垃圾收集与运转设施是有效处理生活垃圾、引导农民形成良好的环境卫生习惯的基本物质保障。农户调查显示，约八成的受访农户表示村里配备有垃圾桶、垃圾池等基础的垃圾收集设施，七成农户表示村里有垃圾车，62.7%的农户表示村里配有垃圾运转设施。可见，仍有超过20%的农户认为村里垃圾处于与运转设施（表10-3）。需要指出的是，问卷调查时出现了一种"矛盾"现象，即同一个村庄的受访农户，有的回答"有"、有的回答"没有"。实际上，此类村庄可能一部分区域布置有垃圾收集设施，另一部分区域尚未布设，问及这些区域的农户，部分人回答"没有"。这反映出全省农村垃圾收集与运转设施配套方面的问题，一是仍有少数村庄尚未配置相关设施，二是部分村庄的环卫设施严重短缺。

表10-3　基于农户问卷数据的生活垃圾收集与运转设施情况（%）

生活垃圾处理设施	有	没有	不清楚
垃圾桶	76.8	21.7	1.6
垃圾池	78.2	17.8	3.9
垃圾车	69.9	26.2	3.9
垃圾运转	62.7	24.4	12.9

2. 农户家庭对生活垃圾的处理方式

农村居民对于生活垃圾的处理方式在很大程度上反映了农民的环保意识。受访农户中，29.0%的农户表示日常生活产生的垃圾"自家随意处理"；23.2%的农户表示"村民自发集中处理"；47.5%的农户表示"有专人运送处理"。但村干部访谈显示，有9.2%的村庄没有固定的垃圾投放点；52.9%的村庄的生活垃圾由"村庄内部自行处理"，40.2%的村庄的生活垃圾由"外部人员统一运转处理"，6.9%的村庄的生活垃圾"不做处理"，呈现出"自然堆积"现象。可见，约三成的农户平时处理生活垃圾比较随意，并不完全是因为村里没有垃圾集中投放点或没有专人运转处理垃圾，也与农户个人的环保意识和环保行为密切相关。

3. 农村生活垃圾有效治理的问题及成因

通过农户和村干部访谈，反映出农村生活垃圾有效治理的一些深层次问题。其一，受到地方财力和资源投入限制，部分县市在农村生活垃圾设施配置时采用低水平均衡分配方式，造成部分村庄设施数量少、设施简陋、分布分散，难以满足居民的实际需求。其二，有些村庄生活垃圾收集设施选址不合理。一些村庄的垃圾池或投放点设在村庄主干道的中段，虽然方便村民倾倒垃圾，却导致垃圾池附近空气腥臭、夏天滋生大量蚊蝇，严重影响村容村貌。其三，垃圾收集运转不及时、效率低下，尚未建立完备的垃圾运转网络。调查中 62.7% 的农户表示"村里有垃圾转运设施"，但与住建部文件设定的 90% 目标仍有很大差距。多数村庄尚未完全形成以"户分类、村收集、镇转运、县处理"的生活垃圾运转处理模式，缺乏完备的垃圾分类、收集、转运、填埋、无害化处理体系。访谈中，农户表示村庄的垃圾转运车数量少，转运时间不固定，导致大小不等的垃圾堆、垃圾山的出现，严重影响村庄的卫生环境。其四，部分农民的环保意识尚未形成。长期以来，农民更多地关注自家庭院及其周边的环境状况，对公共环境卫生关注较少，对村中的脏乱差现象视而不见，在缺乏必要的环卫设施和环保行为引导的情况下，习惯性将生活垃圾倾倒在路边、河道、水塘中或随意焚烧。

（二）生活污水设施与污水处理情况

1. 农村生活污水处理设施

农村生活污水主要包括厨房洗涤排水、日常洗漱排水以及雨水冲刷垃圾、地面后形成的污水等。农村生活污水收集与处理设施是改善农村人居环境的必要基础设施。村庄调查显示，87 个调研村庄中仅有 16 个村庄（18.4%）有污水处理设施，71 个村庄（81.6%）没有污水处理设施。可见，目前大部分村庄缺乏生活污水收集管网、污水运转与处理设施，农村污水处理设施处于严重短缺状态。同时，农村生活污水的排水规划比较滞后，除了少数城中村和城郊富裕村有排水规划外，广大农村地区的生活污水仍处于随意乱排的状态。

2. 农民生活污水处理方式

大多数传统农村地区，一方面缺乏生活污水处理设施，不利于引导农民正确排放污水；另一方面农民环保意识低下，随意乱排乱倒现象非常普遍。问卷数据显示，44.8% 的受访农户表示将生活污水通过排水管道直接排到院外和街道上，16.1% 的农户是直接泼在院子里，15.1% 的农户倒在村中闲置空地上，还有 10.0% 的农户是将污水排入下渗池，仅有 14.0% 的农户才通过下水道排除污水（图 10 - 1）。从污水处理方式的环境效应看，"排放到院外或街道上"容易在街面上形成污臭区，严重影响村容村貌；"泼在自家院子里"更多是对自家院落环境产生影响，对院落周边环境影响相对较小；长时间"倾倒在村中闲置空地上"可能形成污染区，特别是夏天气味难闻、蚊蝇滋生，而且雨水冲刷容易形成面源污染，对村庄环境的负面效应较大；"将污水排入下渗池"对地面环境影响较小，但污水下渗可能影响地下水和土壤环境，同样存在较大的生态环境风险。总之，在缺乏完善的生活污水处理设施的情况下，农村传统的污水处置方式将对农村人居环境产生严重的负面影响。

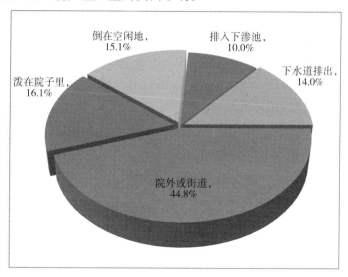

图 10 - 1　受访农户家庭生活污水处理方式

3. 农村生活污水治理的问题及成因

农村生活污水设施建设与污水处理方式等方面的问题在传统农村仍具有普遍性。与农村生活垃圾设施不同，现阶段大规模配置农村生活污水处理设施的成本太高，地方政府的财力难以支撑。农村污水治理受到地理条件、生活方式、经济发展程度等多方面因素影响，一直是环境保护中的一道难题（孙兴旺等，2010）。一方面，中国农村人口基数非常大，但人口密度低、居住分散，造成农村生活污水量大且难于收集，加之地方经济实力相对薄弱，大部分农村地区没有采取任何生活污水的收集和处理措施。

另一方面，长期以来形成的城乡二元发展结构，使得城乡公共基础资源配置严重失衡，农村环境基础设施建设远远落后于城市，暴露出许多问题，如未能因地制宜地建立符合地域特征的污水处理模式、资金使用效率低下、长效管护机制缺乏等问题（关睿等，2020）。当前，我国农村污水处理模式主要有4种类型，分别为原位处理模式（分户或联户处理）、分散处理模式（建设村庄污水站）、相对集中处理模式（建设村组规模污水处理厂）、集中处理模式（场镇规模污水处理厂）（杨少鹏等，2018）。遴选适宜的农村污水处理模式，区域地形条件、村庄集聚程度、村落人口密度等因素是关键依据。农村生活污水处理方式不能照搬或套用城镇生活污水处理模式，需结合农村实际情况和生活污水特点进行科学决策（何安吉和黄勇，2010）。相关研究表明，对于传统农村地区，原位处理模式和分散处理模式仍是相对适宜的农村污水处理模式，比较而言，分散处理模式更具有环境优势、更有利于节约单位投资费用（关睿等，2020）。就目前山西省的农村生活污水治理情况而言，总体上应遵循乡村差异性和村庄分化特征，按照"分阶段、分类型、梯次推进"的基本思路推进农村生活污水治理工作。实践中，可优先遴选若干村庄规模较大、人口密度较高、经济实力较强、距离城镇较近的村庄进行试点工作，科学规划试点村庄的污水排泄、收集与处理系统，选择适宜的污水处理模式与技术。依据农村分散化居住的特征，可选择分散式生活污水处理模式，推广农村排水设施及家庭净化槽设施。

第十一章　山西省农户对村庄人居环境的
评价与期盼

农村人居环境是农村居民生产劳动、生活居住、休闲娱乐和社会交往的空间场所，包括农村居民居住、生活和活动的自然环境、人文环境及人工环境。简言之，农村人居环境即是农民生产生活环境的总和。因此，农民对村庄人居环境的总体评价与认知至关重要，农民对村庄人居环境建设的期盼与建议应成为农村人居环境整治的主要方向。

第一节　农户对村庄人居环境的总体评价

（一）对村庄人居环境的整体评价

农村人居环境包含诸多方面，农民的整体评价很大程度上反映了村庄环境的总体状况。1342 份有效问卷中，1.1% 的受访农户认为本村的人居环境"非常差"；8.9% 的农户认为本村人居环境"比较差"；53.2% 的农户持中立态度，认为"一般"；32.9% 的农户认为本村人居环境"比较好"；3.9% 的农户认为本村人居环境"非常好"。统计结果表明，36.8%的农户对村庄人居环境表示"认可"（比较好、非常好），明显多于持否定态度的农户（非常差、比较差，合计占比 10.0%），但仍有超过半数的农户认为村庄人居环境"一般"（图 11 - 1）。数据分析反映出两个问题：一是不同村庄的人居环境差距较大，一定程度上反映了全省农村人居环境建设不平衡；二是大多数村庄人居环境仍有较大的提升空间，反映全省农村人居环境建设不充分。可见，从农户微观视角看，全省农村人居环境建设存在着不平衡、不充分的问题。

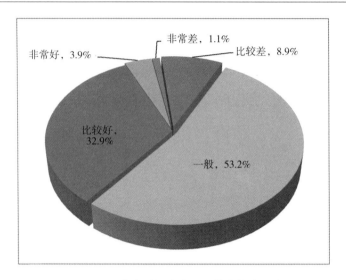

图 11 - 1　农户对村庄人居环境的整体评价

（二）对村庄人居环境的变化感知

从时间维度看，农村人居环境是动态变化的。了解农民对村庄人居环境变化的感知情况，有助于研判全省农村人居环境的变化趋势及政策效应。问卷数据统计结果显示，0.5%的受访农户认为本村的人居环境"严重恶化"；6.0%的农户认为"有点恶化"；31.5%的农户认为"没有变化"；47.8%的农户认为"略有好转"；14.2%的农户认为"很大改善"。从数据可以看出，少数农户认为村庄人居环境恶化，六成以上的农户认为村庄环境有好转（图 11 - 2）。分析其内在原因：其一，山西省是典型的资源型地区，资源开发对当地人居环境影响剧烈，不排除少数村庄人居环境持续恶化的情况；其二，近年来全省农村人居环境整治工作持续推进，取得了一定的工作成效，得到大多数农民（六成以上）的认可，但相关工作仍有很大的提升空间；其三，一定程度上存在着"农村公共资源非均衡配置"问题，导致部分村庄缺乏环境整治投资、部分农民感受不到人居环境变化。此外，农户的认知情况也从侧面反映出，不同村庄的人居环境处于不同的建设阶段，需坚持分类指导、分类施策的基本原则，切忌"一刀切"的政策与单一的专项工程。

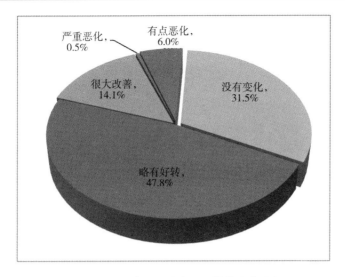

图 11 - 2　农户对村庄人居环境的变化感知

（三）对影响人居环境的因素认知

农民对村庄人居环境的评价与感知存在着较大差异，实质上反映的是不同村庄的差异性。影响农村人居环境的因素复杂多样，考察农民对影响因素的认知情况有利于找准问题的根源。1342 份有效问卷中，11.6% 的受访农户认为"工业污染"是影响人居环境的主要因素；41.8% 的农户认为"村民环保意识"对村庄人居环境影响较大；30.2% 的农户认为"设施建设与投资"比较关键；12.6% 的农户认为"村庄管理"对改善人居环境十分重要；还有 3.8% 的农户认为是其他因素，如拉煤大卡车、上级政府督查、集中居住与规划等。结果表明，农民认为对村庄人居环境影响较大的因素集中在两方面，即村民环保意识、设施建设与投资。因此，改善农村人居环境需要从上述两方面着手（图 11 - 3）。

第二节　农户对村庄公共环境的基本认知

（一）对公共空间卫生条件的认知

农村公共空间是村民参与村庄公共事务、开展文化娱乐活动、进行信息交流的重要场所，公共空间的卫生环境是反映村容村貌的重要内容。问

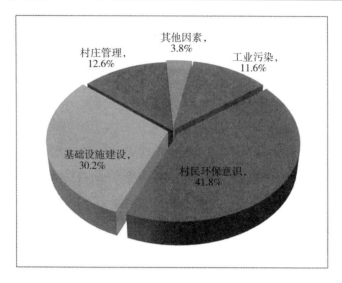

图 11 - 3　农户对影响村庄人居环境的因素认知

卷数据显示，4.5% 的受访农户认为村庄公共空间卫生条件"非常差"，12.4% 的农户认为"比较差"；53.5% 的农户认为"一般"，25.4% 的农户认为"比较好"，4.2% 的农户认为"非常好"。总体上，仅三成农户对村庄公共空间的卫生条件持肯定态度，表明多数农户希望村庄公共环境卫生能够得到改善。

　　一般情况下，村庄卫生保洁员的主要工作职责就是打扫清理村庄公共场所的卫生，确保公共空间干净整洁。交叉分析显示，80.9% 的农户表示"村里有卫生保洁员"，这部分农户中有 67.4% 的农户认为公共空间卫生条件"非常差"、"比较差"或"一般"。从问卷数据看，配备卫生保洁员的村庄比例较高，但未能有效地改善村庄公共卫生环境。调研中部分农户反映，卫生保洁员只是对村内道路、小广场等公共空间进行清扫，将垃圾简单清理，没能充分发挥卫生保洁员的实际作用。究其原因，表现为两方面：一是卫生保洁员的工资水平很低，难以起到激励作用；二是缺乏必要的监督机制。

（二）对公共设施配套情况的认知

　　农村公共设施是指用于农村居民使用或享用的公共服务设施，如文化教育、医疗卫生、娱乐体育、社会服务等设施。1342 份有效问卷中，3.5% 的受访农户认为村庄公共设施条件"非常差"，18.5% 的农户认为公共设施

条件"比较差"，46.3%的农户认为设施条件"一般"，27.1%的农户认为
设施条件"比较好"，还有4.6%的农户认为设施条件"非常好"。从数据
分布情况看，农户样本基本呈现为正态分布，表现出对称性。近七成农户
表示村里的公共设施条件"差"或"一般"，仅三成农户对公共设施条件相
对满意（图11-4）。实地调查中，有村民反映"村里缺少供村民运动、娱
乐、休憩的户外公共场所，难以满足村民生活需要"。近年来，政府不断加
大农村公共服务设施建设投资，建有农家书屋、老年活动室、乡村课堂、
农村大戏台、小广场及健身器材等公共设施的村庄逐渐增多。但部分村庄
出现了利用率低、闲置率高、开展的活动少且单一，甚至存在"不开门、
难见人、没活动、没服务"的现象，导致农民群众的满意度不高。可见，
农村公共设施的问题聚焦在设施配套短缺与服务效率不高两方面。

以农村公共照明为例，受访农户中，4.8%的农户认为村里的公共照
明条件"非常差"，15.1%的农户认为"比较差"，38.4%的农户认为
"一般"，35.2%的农户认为"比较好"，6.5%的农户认为"非常好"。比
较而言，超过四成的农户认可村里的公共照明条件，高于农户对公共设施
总体情况的评价。农民反映的问题主要是，村庄路灯覆盖率低，偏僻路段
没有路灯；路灯开关时间不稳定、不合理，难以发挥其作用；路灯出现故
障后维修不及时等。

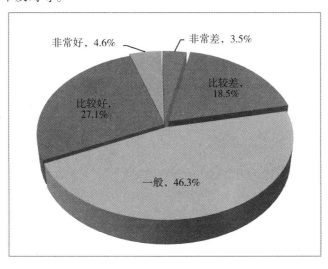

图11-4　农户对村庄公共设施情况的认知

（三）对村庄绿化情况的认知

绿化是乡村景观的重要内容，是维持乡村优美人居环境的重要因素，也是建设生态宜居乡村的重要方式。"村在绿中"的景观空间关系是最基本的乡土风情之一。考察农户对村庄绿植绿化状况的认知，6.1%的受访农户认为村里景观绿化"非常差"，16.5%的农户认为村里绿化"比较差"，40.3%的农户认为"一般"，30.8%的农户认为村庄绿化"比较好"，少数农户（6.3%）则认为"非常好"。可见，超过六成的农户对村庄绿化状况不太满意，主要问题是村庄绿化覆盖面积小、布局不合理、景观单调、缺乏管护等，对村庄环境的美化效果不明显（图11-5）。

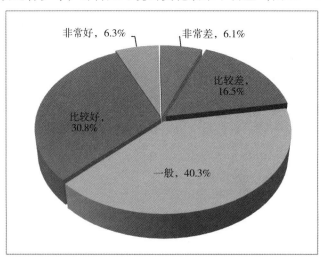

图11-5　农户对村庄绿化情况的认知

（四）对村庄环境质量的认知

农村环境质量主要包括空气质量、水质量、土壤质量、声环境质量等方面。农户访谈中，反映较多的问题集中在空气污染和水体污染方面。农村空气污染主要受外源性因素的影响，特别是拉煤大卡车和乡镇工业，如有农户反映"我家住在公路边上，由于运煤车频繁经过，荡起的煤粉与灰尘非常严重，对村里造成严重的空气污染"，还有农户反映"附近工厂排放的废气严重影响我们村的空气质量，导致非常呛人，经常感觉嗓子不舒服，应该严格整治废气排放"、"附近工厂导致的空气污染严重，无法得到及时处理，多次向上反映也没有解决"。但也有村民说"我们这里主要种庄稼，春夏时节地里都绿油油的，空气质量非常好，许多城里人周末都来我们这里逛的"。此类村庄大多属于传统的农业型村庄，外部因素对村庄环境影响较小。空气污染、水体污染问题存在地域差异，工业产值比重高的地区污染严重，农业地区情况良好。比较而言，村民对噪声污染的反映相对较少，噪声对村庄环境影响不严重。这些现象也表明，除了内源性因素外，外源性因素对农村人居环境的影响也不容忽视。

第三节　农户对村庄人居环境整治的期盼

（一）农民的参与意愿

基于前文的数据分析我们发现，多数受访农户认可村庄人居环境有好转，这反映出农民对近年来全省推进的农村人居环境整治工作给予了充分肯定。随着农村居民的生活水平不断提高，对人居环境质量的要求也随之提高，因此农村人居环境改善是一项长期性、系统性的基本任务。农村是农民生产生活的主要空间，农民最了解农村人居环境的短板问题，最清楚如何改善农村人居环境。因此，充分尊重农民的主体性地位，是有效开展农村人居环境整治工作的关键所在，农民的积极性与行动意愿则是做好人居环境工作的基础前提。

农民是否愿意参与村庄人居环境整治工作呢？改善农村人居环境，要充分调动农民参与的积极性，强烈的参与意愿是高效推进实践工作的重要基础。问卷调查显示，家庭生活垃圾处理方面，大多数农村居民都能积极主动地按照要求认真配合垃圾统一堆放、统一运送处理，甚至还有居民自发组织实施集中处理。其中，47.5%的居民按照村组织安排对垃圾进行统一运转处理，23.2%的居民对垃圾进行初级分类后实施自主集中处理，主要是对可用于堆肥的垃圾进行资源化处理，实现既减少垃圾产量又提供农业用有机肥的双赢效果，值得肯定并具有一定的推广价值。在生活污水处理方面，传统农村污水管网铺设缺乏，导致生活污水的集中处理率为零，但在村民的传统做法中，水资源的重复利用率非常高，节水又少污染。同时村民对污水处理设施建设非常支持，即使自己分担一部分费用也接受，并期待能尽快实现。上述调查结果反映出，村民在参与美丽乡村建设、人居环境整治方面的态度非常积极，参与意愿也非常强烈，为深入推进相关工作奠定了坚实的群众基础。

（二）农民的期盼与建议

农村人居环境涉及诸多方面，农民最迫切希望解决的问题就是当前及今后一段时期农村人居环境整治工作的重点方向。根据问卷调查数据，按照受访农户的期盼与建议的优先顺序进行排序，如表 11 - 1 所示。

排在第一位的是"水问题"，成为农民最渴望解决的问题。

排第二位的是"提高村民环保意识"的建议，主要针对农村生活垃圾的处理问题，并且与排位第四的"完善垃圾处理设施与机制"相呼应，共同反映农民对生活垃圾问题的关切；

排第三位的是"建设公共场所和公共设施"，也是农民的强烈愿望，特别是对增修硬化道路、扩大绿化面积、改善公共照明等，它们共同构成了村民意愿的第三序位。

表 11 - 1　　　　　　　　农民对改善农村人居环境的期盼

农民的期盼类型	受访农户（个）	比例（%）	排序
改善水环境	288	21.5	1
提高环保意识	247	18.4	2
增建公共场所	153	11.4	3
完善垃圾处理	137	10.2	4
增修农村道路	122	9.1	5
增加政府投入	104	7.7	6
村庄播种重新规划	98	7.3	7
增加绿化	88	6.6	8
危房整治	58	4.3	9
增加照明设备	38	2.8	10
厕所改造	9	0.7	11
合　　计	1342	100	—

1. 解决农村"水问题"

问卷调查发现，改善水环境、解决水问题，成为村民最迫切、最希望解决的问题。一是改善饮用水水质。从农户认知情况看，接近七成的村民认为农村饮用水质量偏低。在村民们提出的对策建议中，排第一位的是希望加强水源管理，优化供水时间；排第二位的是希望遏制村民生活废水和养殖废水的随意排放；排在第三位的是希望限制工业污水排放，加大对工业污染的处罚力度。二是污水处理问题。山西省绝大多数农村没有铺设生活污水管网，也没有安装污水处理设备，污水无害化处理能力弱。村民的建议主要是完善污水处理系统和加大下水道等排污设施建设两大方面。三是解决缺水问题。山西省作为缺水省份之一，农村缺水问题尤其严重。根据中国统计年鉴，山西省水资源总量130.2亿立方米，人均占有量352.7立方米，仅为全国人均值2074.5立方米的17%，约为全国平均水平的1/6，世界平均水平的1/25，属于严重缺水地区。山西农村水库有限、蓄水能力弱、水的重复利用率低，也加剧了缺水问题。村民建议尽量修建蓄水池，以便遇旱时节进行农业灌溉。

2. 强化农民的环保意识

在村民的建议中，提高农民环保意识位居前列。可见，很多村民已经意识到环境保护的重要性，呼吁其他村民也提高环保意识。要将生态环保的理念渗透到村民的生产与生活中，充分利用电视、网络、广播等传统途径，以及微信群、自媒体、抖音、快手等新型途径进行环保宣传。一是宣传日常非环保行为的危害性。广泛宣传乱扔垃圾、乱倒污水、乱烧秸秆、乱丢废药品废电池、露天旱厕、胡乱捕杀及食用野生动物等行为的环境危害性。二是发挥基层干部的引导与带头作用。基层干部、村干部、大学生村官等关键主体要发挥好监督与示范作用，宣传环境保护的相关知识，引导村民"环保"生活，让环保行为在生活中潜移默化地影响村民的理念，提升农民的整体素质。三是完善环境保护奖惩机制。激励与引导村民逐步改变生活陋习，组织村民积极参与环保建设，使保护环境、拒绝污染成为村民共识。

3. 加大公共场所与公共设施建设

调查中，有一部分村民反映，村庄缺少专供村民运动和娱乐的户外场所，难以满足村民需要；一部分村民反映，村庄路面硬化率低、交通规划不合理，影响村民出行；一部分村民反映，村庄绿化覆盖面积小且缺乏专业管理，影响村庄美观；一部分村民反映，村庄对危房整治的力度不够，影响村庄美观；一部分村民反映，村庄的厕所普及率低、粪污无害化处理能力低、资源重复利用率低。此项建议中，排在第一位的是希望能够加大对公共场所与设施的建设投资，推进公共设施多样化；排第二位的是希望安排专人对已有场所和设施进行维护并定期检修，提高公共设施的服务能力。

第十二章　山西省农村人居环境
宏观特征与建设思路

　　基于问卷调查数据，前面两章内容从村域整体视角和农户微观视角分析了山西省农村人居环境的现状特征，主要涉及农村基础设施、公共服务设施、垃圾污水处理、农户总体评价、农户期盼与建议等方面。在此基础上，本章将从宏观层面总结全省农村人居环境的基本特征及其成因，理清今后一段时期农村人居环境整治的总体思路，并在问题导向下提出具有针对性的建议，以期为全省农村人居环境整治工作提供有益借鉴与参考。

第一节　农村人居环境的基本特征及成因

（一）基础服务设施建设仍然滞后

　　近年来，山西省围绕着新农村建设和美丽乡村建设，先后实施了"四化四改"、两轮"五个全覆盖"、"五件实事"、"五大专项行动"等一系列民生工程，农村人居环境逐步得到改善。客观地讲，这些专项工程很大程度上提高了农村基础设施条件和公共服务水平。但是，总体上看，全省农村基础设施条件和公共服务水平仍有很大的提升空间，尚不能满足农村居民对提高生活质量的需要。其一，受自然地理条件限制，全省的山地丘陵区面积占比80%以上，山区村庄规模普遍偏小，村庄之间相距较远、人口流失严重，基础设施覆盖难度大、成本高。此类村庄普遍存在出行条件差、饮水质量差、农村危房多、环卫设施短缺、公共设施缺乏等问题，村庄人居环境整体较差。其二，地处燕山—太行山与吕梁山集中连片特困区、采煤沉陷区、地质灾害高发区等地区的村庄，路、水、电、气等基础设施条件普遍较差，公共服务水平十分低下，较难满足农民的基本生活需求。此类地区的村庄，一部分已经实施易地搬迁，搬迁后新社区的人居环境良好，但却面临着生计转型等新问题；而未搬迁的村庄，由于地理区位、地质条件、发展潜力等因素限制，从长远看不宜将有限的公共资源过多投入。其三，平原区与城市周边的村庄，基础设施条件虽然比山区村庄好，教育、医疗、社会保障、文化娱乐等公共服务水平相对较高，但仍存在较大的提质空间，而且与城市基础设施的有效衔接也有待加强，远期应实现城乡基础设施一体化。

（二）农村水土环境污损十分严重

农村生产生活中产生的生活垃圾、生活污水、人畜粪污、农业废弃物等，若不经过有效处理而随意排放，将会对农村水土环境造成严重污损。当前，全省农村水土环境总体上污损较为严重。农村居民生活废弃物是村庄环境污染的最主要来源，主要表现为生活垃圾等固体废弃物，这与全国的情况基本一致。调研发现，农村固体垃圾运转处理是当前农村垃圾堆积的关键症结，而农村生活污水处理设施建设长期处于缺位状态。此外，农业生产行为对村庄水土环境的污染也不容小觑，将农药瓶和废弃农膜随意丢弃的现象在农村仍很普遍。与全国其他省份相比，则是共性与特殊性并存：共性方面，全省农村环卫基础设施还有很大的提质空间，农民环保意识淡薄，垃圾乱倒、污水乱排、粪污乱流、废弃物乱堆乱放等现象仍普遍存在，对村庄环境、地表水环境、土壤环境造成严重污损；大部分村庄虽已配套基本的环卫设施，但尚未形成污染物收集清运处置体系和环境卫生管护长效机制，导致环卫设施利用效率低下，村庄环境未得到明显改善。特殊性方面，长期以来的资源开采对农村水土环境污损破坏严重；围绕矿产资源而发展起来的乡村工业缺乏有效监管，无序生产、随意排放废弃物，对农村水土、空气、生态造成破坏，形成了历史遗留问题。

（三）农民环境保护意识尚未形成

近年来，随着农村人居环境整治专项工程的推进，农民的环保意识有所提高、环保行为有所转变，但对于环境保护的认识还不充分、不全面。一方面，农民的生活环保意识偏低，尚未形成良好的环保行为习惯。农民仍然保留着传统的生活方式，习惯将生活垃圾倾倒入路边、河道、水塘中或者随意焚烧。村内配置了环卫设施，一定程度上促进生活垃圾集中收集，但是距离垃圾桶或垃圾池较远的农户有时仍将垃圾随意丢弃，加之垃圾转运体系和设施管护机制尚不健全，农村垃圾处理放任自流的状态尚未明显改变。另一方面，农民的公共环保意识淡薄，对公共环境保护参与程度不高。农民对农村环境卫生整治工作缺乏基本的认识与参与热情，不配合村干部与乡镇环保工作人员的工作，大部分农民仅仅关注自家庭院或附近的环境状况，对公共环境卫生的关注较少，对村中脏、乱、差现象视而不见，容易出现"屋内现代化、屋外脏乱差"的情况，甚至是垃圾围村现象也屡见不鲜。此外，农民环保思想主观认知与自身行为存在偏差，需加强环保宣传。部分村民受教育程度和文化水平较低，对农村环境卫生整治工作认识不够，对环境保护的感性认识更多地停留在表面上，不会主动从电视、广播、报纸等新闻媒介来了解农村环境卫生整治的重要性，容易导致自身的主观认知与环保行为产生偏差。

表 12 - 1   **山西省农村人居环境现状问题及成因机制**

现状特征	成因机制
基础服务设施建设滞后	1）自然地理条件：我省山区面积占 80%，村庄规模较小，相距较远，基础设施覆盖难度大、成本高 2）历史原因：贫困县多（国家级 36 个，省级 22 个），县域发展迟滞，政府财力有限，农村基建欠账待补 3）城乡衔接不够：城市周边、平原区村庄，基础设施不完善、与城镇设施衔接不够，仍存在提升空间
农村水土环境污损严重	与全国其他省份相比，共性与特殊性并存： 1）共性问题：基础设施不完善、设施利用效率低下、农民环保意识淡薄、尚未形成集中清运和环卫管护机制等 2）特殊性：一方面，资源开采对水土环境污损破坏严重；另一方面，乡村工业无序生产与排放，且没有有效监管，对农村水土、空气、生态造成严重破坏

现状特征	成因机制
农民环境保护意识低下	1）不良习惯：农民长期形成的不良行为习惯，一时难以改变 2）环保意识：农民普遍缺乏公共环境保护意识，环保认知与个人行为冲突 3）环保宣传：环保知识、法律的宣传力度与形式有待加强

第二节　农村人居环境整治的总体思路

（一）农村人居环境建设的理论解析

营造优美的、可持续发展的农村人居环境是践行生态文明理念的重要内容。理想的农村人居环境是生产环境、生活环境和生态环境共同优化的综合体。从生产环境的维度看，它包括适宜生产的自然环境、财富不断积累的经济环境、信仰自由且积极向上的文化环境、食品安全得到保证的技术环境、市场秩序和行为得以维护的法制环境。从生活环境的维度看，它集中体现在人们生活所能享受到的现代工业文明的便利，如交通、通信、供水、供电、供气、学校、商店、医院等基础设施提供的条件。从生态环境维度看，表现为青山绿水常在，生态资源的利用与修复形成良性循环，人类与大自然和谐共存（龚迎春，2015）。根据国内外经验，农村人居环境建设一般都会经历三个阶段：第一阶段是农村生产生活基础设施建设阶段，主要包括供水、供电、供气、道路硬化、安全住房等方面，保障农民的基本生活条件；第二阶段是农村水土环境整治阶段，主要开展生活垃圾污水治理、畜禽粪便处理、卫生厕所改造、公共空间整治等工作，营造良好的生活环境；第三阶段是乡村景观美化阶段，具体包括修复自然景观、健全监管机制、发展生态产业等方面（图12-1）。因此，按照全面建成小康社会和建设美丽宜居乡村的总体要求，以保障农民基本生活条件为底线（农村基础设施提质工程），以村庄人居环境整治为重点（农村环境整治工程），以建设美丽宜居村庄为导向（美丽乡村建设工程），结合当地的实际情况，循序渐进、分类推进，全面提升乡村宜居性。

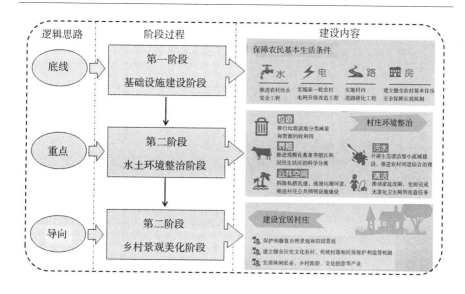

图 12 - 1 农村人居环境建设阶段与内容①

(二) 农村人居环境整治的基本思路

总体上看，山西省大部分村庄处于第一阶段后期或第二阶段初期。因此，当前及今后一段时期全省农村人居环境建设的主要任务是：完善生活基础设施和治理村庄环境，美丽乡村建设是长远目标。具体来讲，基本生活条件还存在困难的村庄，要以路水电气网等基础设施配套建设为重点；农民生活条件相对完善的村庄，要以水土环境整治和整体环境营造为重点，逐步引导农民转变行为习惯、培养环保意识；少数基础条件比较好、产业特色鲜明的村庄，特别是城中村、城郊村、中心村镇等，要以城乡基础设施和公共服务一体化为导向，以全面提升人居环境质量为重点，建设美丽宜居的乡村。

实践中，坚持因地制宜、分类指导、梯次推进、城乡统筹的基本原则，处理好统一标准建设和尊重乡村特色的关系，区分轻重缓急，有序推进各项工程任务，逐步改善全省农村人居环境；坚持政府主导、农民主体、社会参与的组织机制，激励引导农民、企业和社会力量积极参与项目

---

① "建设内容"的图片引自《图解：改善农村人居环境指导意见》，中国政府网，2014 - 05 - 29。

建设，形成多类型协同、多主体参与、多元化投入的新机制，共同推进农村人居环境建设工作。

第三节　农村人居环境整治的对策建议

（一）加大投资整合，引导社会资金多元投入

创新资金投入方式，形成"部门整合投入、社会赞助投资、农民筹资筹劳、政府财政奖补"的多元化投入机制。以县级为主加强涉农资金整合力度，捆绑存量、统筹使用、形成合力，确保有限资金发挥最大效益。发挥财政投入的引导作用，积极吸引企业和社会资金参与农村人居环境建设，鼓励社会组织团体通过结对帮扶、捐资捐助和智力支持等多种方式参与整治，支持社会资本投资垃圾污水处理设备研发、管护运营、再生利用、无害化处理和有机肥生产等项目建设。充分发挥财政杠杆的调节和激励作用，建议市县财政每年安排一定额度的专项资金"以奖促治"，激励农民自愿投工投劳参与乡村人居环境建设，建立农民参与财政奖补机制，变"给钱办事"为"以结果奖钱"，调动农民参与积极性。

（二）注重规划先行，制定项目建设标准体系

从发达地区的实践来看，注重规划引领是农村人居环境建设的一条重要经验。综合考虑村庄山水肌理、发展水平和人居环境现状等因素，县级政府负责编制县域农村人居环境建设总体规划，明确不同区位、不同类型村庄人居环境改善的重点和时序，分类指导、分步实施。在此基础上，尝试以村级为主体编制建设规划，采取政府引导、专家设计、群众讨论的形式，避免出现"规划连村支书都看不懂"的问题。规划内容要明确公共项目的实施方案，主要项目需达到可实施的深度，建房规格、设施使用等要求可纳入村规民约，增强规划的可操作性。注重规范化建设，加快制定农村人居环境建设标准化指标体系。建议制定《农村人居环境建设规范》、《农村人居环境建设实施方案》等标准，基本涵盖设施建设、环境整治、管护经营等方面内容，实现各个环节操作有据、各个项目实施有法、各个岗位考核有章。

（三）推进制度创新，建立设施管护长效机制

农村人居环境建设需要一整套标准、规范、操作性强的制度体系作保障。积极推进制度创新，具体包括行动纲要、发展规划、建设标准、监督检查、考核验收、激励政策、各级职责以及项目资金的整合、分配和使用等方面，都需要一套具体的规定，形成一个个相对独立又有机统一的制度体系，有效保障各项建设目标任务的落实。建立基础服务设施运行管护长效机制，逐步实现城乡一体化管理。建议市县公共财政专列经费用于农村基础服务设施维护和管理，将其纳入政府部门管理范围。探索建立农村基础设施管护市场化运作机制，培育专业化的运营管护队伍。村庄公共服务设施的运行和维护，也须积极发挥村民自治和社会组织的作用，可将基础设施合理使用和维护管理等相关内容列入村规民约，逐步将设施运行、环境保护、河道管护等管理责任落实到人，探索农民自我组织、自我维护、自我管理的社会民主治理机制，增强村民自我服务的能力。

（四）强化组织领导，明晰主体责任考核标准

将农村人居环境建设定位为"一把手"工程，省市县各级应成立工作领导小组及办事机构，主要领导任组长、相关部门共同参与。明确各级政府的职责定位，理顺各自的责权关系：省级主要负责宏观把控、总体调配、指导考核等工作；市级主要负责市域范围内的统筹安排以及在资金、技术等方面予以支持；县级主要负责总体规划编制、标准体系和制度办法制定等工作。将农村人居环境改善工作纳入到各级领导干部政绩考核范围，加快制定考核评价指标体系，并将考核结果作为干部选拔任用的重要依据。按照规划要求，将阶段性任务分解落实到部门和市、县（市、区），确保目标、任务、进度、责任人"四落实"，对每个阶段的工作完成情况进行量化考核，定期公示进展情况。

主要参考文献

［1］阿马蒂亚·森：《以自由看待发展》，北京：中国人民大学出版社 2002 年版，第 85 页。

［2］蔡荣：《"合作社＋农户"模式：交易费用节约与农户增收效应——基于山东省苹果种植农户问卷调查的实证分析》，《中国农村经济》2011 年第 1 期，第 58—65 页。

［3］陈成文，陈建平，陶纪坤：《产业扶贫：国外经验及其政策启示》，《经济地理》2018 年第 1 期，第 127—134 页。

［4］陈传波：《农户风险与脆弱性：一个分析框架及贫困地区的经验》，《农业经济问题》2005 年第 8 期，第 47—50 页。

［5］陈聪，程李梅：《产业扶贫目标下连片贫困区公共品有效供给研究》，《农业经济问题》2017 年第 10 期，第 44—51 页。

［6］邓大松，王增文：《我国农村低保制度存在的问题及其探讨》，《山东经济》2008 年第 1 期，第 61—64 页。

［7］狄金华：《政策性负担、信息督查与逆向软预算约束》，《社会学研究》2015 年第 6 期，第 49—72 页。

［8］段鹏飞，吴高峰，张伟：《山西采煤沉陷区地质灾害特征分析》，《地质调查与研究》2014 年第 4 期，第 308—313 页。

［9］范东君：《精准扶贫视角下我国产业扶贫现状、模式与对策探析——基于湖南省湘西州的分析》，《中共四川省委党校学报》2016 年第 4 期，第 74—78 页。

［10］冯健，刘玉，吕智浩，等：《乡村转型的政策与保障》，南京：南京师范大学出版社 2009 年版，第 64—66 页。

［11］龚迎春：《构建文明和谐的城乡人居环境》，《河南日报》

2015 - 06 - 10。

　　［12］关睿，黄源生，何义亮：《河口岛屿农村地区原位与分散生活污水处理模式的环境与经济对比分析》，《环境科学学报》2020 年第 5 期，第 1894—1901 页。

　　［13］郭熙保，罗知：《论贫困概念的演进》，《江西社会科学》2005年第 11 期，第 38—43 页。

　　［14］郭远智，周扬，刘彦随：《贫困地区的精准扶贫与乡村振兴：内在逻辑与实现机制》，《地理研究》2019 年第 12 期，第 2819—2832 页。

　　［15］国家统计局：《扶贫开发持续强力推进 脱贫攻坚取得历史性大成就——新中国成立 70 周年经济社会发展成就系列报告之十五》，国家统计局网站，2019 - 08 - 12。

　　［16］韩广富，李万荣：《中国共产党扶贫开发道路的世界意义》，《理论探讨》2017 年第 6 期，第 126—131 页。

　　［17］韩嘉玲，孙若梅，普红雁：《社会发展视角下的中国农村扶贫政策改革 30 年》，《贵州社会科学》2009 年第 2 期，第 67—76 页。

　　［18］何安吉，黄勇：《农村生活污水处理技术研究进展及改进设想》，《环境科技》2010 年第 3 期，第 68—75 页。

　　［19］何得桂，党国英：《西部山区易地扶贫搬迁政策执行偏差研究——基于陕南的实地调查》，《国家行政学院学报》2015 年第 6 期，第119—123 页。

　　［20］贺雪峰：《产业扶贫切莫一扶了》，中国社会科学网，2017 -09 - 27。

　　［21］胡鞍钢，李春波：《新世纪的新贫困：知识贫困》，中国社会科学 2001 年版，第 70—81 页。

　　［22］胡晗，司亚飞，王立剑：《产业扶贫政策对贫困户生计策略和收入的影响——来自陕西省的经验证据》，《中国农村经济》2018 年第 1 期，第 78—89 页。

　　［23］胡振光，向德平：《参与式治理视角下产业扶贫的发展瓶颈及完善路径》，《学习与实践》2014 年第 4 期，第 99—107 页。

　　［24］黄承伟，刘欣：《“十二五”时期我国反贫困理论研究述评》，《云南民族大学学报》（哲学社会科学版）2016 年第 2 期，第 42—50 页。

［25］黄承伟：《中国扶贫开发道路研究：述评与展望》，《中国农业大学学报》（社会科学版）2016 年第 5 期，第 5—17 页。

［26］李博，左停：《精准扶贫视角下农村产业扶贫政策执行逻辑的探讨》，《西南大学学报》2016 年第 4 期，第 66—73 页。

［27］李博，左停：《谁是贫困户？精准扶贫中精准识别的国家逻辑与乡土困境》，《西北农林科技大学学报》（社会科学版）2017 年第 4 期，第 1—7 页。

［28］李国祥：《乡村产业兴旺必须正确认识和处理的若干重大关系》，《中州学刊》2018 年第 1 期，第 32—38 页。

［29］李纪恒：《筑牢脱贫攻坚兜底保障的坚固防线》，《人民日报》2020 - 03 - 27。

［30］李裕瑞，曹智，郑小玉，等：《我国实施精准扶贫的区域模式与可持续途径》，《中国科学院院刊》2016 年第 3 期，第 279—288 页。

［31］李志萌，张宜红：《革命老区产业扶贫模式、存在问题及破解路径——以赣南老区为例》，《江西社会科学》2016 年第 7 期，第 61—67 页。

［32］林毅夫：《新结构经济学——重构发展经济学的框架》，《经济学（季刊）》2010 年第 1 期，第 1—28 页。

［33］凌文豪，刘欣：《中国特色扶贫开发的理念、实践及其世界意义》，《社会主义研究》2016 年第 4 期，第 69—75 页。

［34］刘彦随，李进涛：《中国县域农村贫困化分异机制的地理探测与优化决策》，《地理学报》2017 年第 1 期，第 161—173 页。

［35］刘彦随，周扬，刘继来：《中国农村贫困化地域分异特征及其精准扶贫策略》，《中国科学院院刊》2016 年第 3 期，第 269—278 页。

［36］刘彦随：《中国新时代城乡融合与乡村振兴》，《地理学报》2018 年第 4 期，第 638—650 页。

［37］刘艳华，徐勇：《中国农村多维贫困地理识别及类型划分》，《地理学报》2015 年第 6 期，第 993—1007 页。

［38］刘永富：《国务院关于脱贫攻坚工作情况的报告》，中国人大网，2017 - 08 - 29。

［39］马文武：《实现"精准扶贫"与"乡村振兴"政策有机衔接》，

《经济日报》2019 – 08 – 27。

［40］马义华，曾洪萍：《推进乡村振兴的科学内涵和战略重点》，《农村经济》2018 年第 6 期，第 11—16 页。

［41］苗长虹，胡志强，耿凤娟，等：《中国资源型城市经济演化特征与影响因素——路径依赖、脆弱性和路径创造的作用》，《地理研究》2018 年第 7 期，第 1268—1281 页。

［42］彭玮：《当前易地扶贫搬迁工作存在的问题及对策建议》，《农村经济》2017 年第 3 期，第 26—30 页。

［43］乔陆印：《乡村振兴视域下农村土地整治的内涵重构与系统特征》，《农业工程学报》2019 年第 22 期，第 58—65 页。

［44］屈锡华，左齐：《贫困与反贫困——定义、度量与目标》，《社会学研究》1997 年第 3 期，第 104—115 页。

［45］邵帅，齐中英：《自然资源富足对资源型地区创新行为的挤出效应》，《哈尔滨工程大学学报》2009 年第 12 期，第 1440—1445 页。

［46］史磊，郑珊：《"乡村振兴"战略下的农村人居环境建设机制：欧盟实践经验及启示》，《环境保护》2018 年第 10 期，第 66—70 页。

［47］孙兴旺，马友华，王桂苓，等：《中国重点流域农村生活污水处理现状及其技术研究》，《中国农学通报》2010 年第 18 期，第 384—388 页。

［48］覃志敏，岑家峰：《精准扶贫视域下干部驻村帮扶的减贫逻辑》，《贵州社会科学》2017 年第 1 期，第 163—168 页。

［49］唐丽霞，李小云，左停：《社会排斥、脆弱性和可持续生计：贫困的三种分析框架及比较》，《贵州社会科学》2010 年第 12 期，第 4—10 页。

［50］唐孝辉：《山西采煤沉陷区现状、危害及治理》，《生态经济》2016 年第 2 期，第 6—9 页。

［51］万广华，张茵：《收入增长与不平等对我国贫困的影响》，《经济研究》2006 年第 6 期，第 112—123 页。

［52］王介勇，陈玉福，严茂超：《我国精准扶贫政策及其创新路径研究》，《中国科学院院刊》2016 年第 3 期，第 289—295 页。

［53］王金营，李竞博：《连片贫困地区农村家庭贫困测度及其致贫

原因分析——以燕山－太行山和黑龙港地区为例》，《中国人口科学》2013 年第 4 期，第 2—13 页。

[54] 王立剑，叶小刚，陈杰：《精准识别视角下产业扶贫效果评估》，《中国人口·资源与环境》2018 年第 1 期，第 113—123 页。

[55] 王萍萍，方湖柳，李兴平：《中国贫困标准与国际贫困标准的比较》，《中国农村经济》2006 年第 12 期，第 62—68 页。

[56] 汪三贵，冯紫曦：《脱贫攻坚与乡村振兴有机衔接：逻辑关系内涵与重点内容》，《南京农业大学学报》（社会科学版）2019 年第 5 期，第 8—14 页。

[57] 汪三贵，殷浩栋，王瑜：《中国扶贫开发的实践、挑战与政策展望》，《华南师范大学学报》（社会科学版）2017 年第 4 期，第 18—25 页。

[58] 汪三贵，张雁，杨龙：《连片特困地区扶贫项目到户问题研究——基于乌蒙山片区三省六县的调研》，《中州学刊》2015 年第 3 期，第 68—72 页。

[59] 王晓毅 a：《易地扶贫搬迁方式的转变与创新》，《改革》2016 年第 8 期，第 71—73 页。

[60] 王晓毅 b：《精准扶贫与驻村帮扶》，《国家行政学院学报》2016 年第 3 期，第 56—62 页。

[61] 温丽，乔飞宇：《扶贫对象精准识别的实践困境与破解路径》，《理论导刊》2017 年第 4 期，第 84—87 页。

[62] 文琦，郑殿元：《西北贫困地区乡村类型识别与振兴途径研究》，《地理研究》2019 年第 3 期，第 509—521 页。

[63] 习近平：《在决战决胜脱贫攻坚座谈会上的讲话》，《新华网》2020 - 03 - 06。

[64] 邢利民：《资源型地区经济转型的内生性增长研究》，《山西财经大学》2012。

[65] 徐月宾，刘凤芹，张秀兰：《中国农村反贫困政策的反思——从社会救助向社会保护转变》，《中国社会科学》2007 年第 3 期，第 40—53 页。

[66] 许汉泽，李小云：《精准扶贫背景下农村产业扶贫的实践困

境》，《西北农林科技大学学报》（社会科学版）2017 年第 1 期，第 9—16 页。

［67］杨国涛，周慧洁，李芸霞：《贫困概念的内涵、演进与发展评述》，《宁夏大学学报》（人文社会科学版）2012 年第 6 期，第 139—143 页。

［68］杨少鹏，王志平，何义亮，等：《不同排水模式对农村水环境质量的影响》，《环境工程》2018 年第 5 期，第 6—10 页。

［69］杨显明，焦华富：《煤炭资源型城市产业结构锁定的形成、演化及机理研究——以淮北市为例》，《地理科学》2015 年第 10 期，第 1256—1264 页。

［70］叶兴庆：《新时代中国乡村振兴战略论纲》，《改革》2018 年第 1 期，第 65—73 页。

［71］张琦，史志乐：《我国农村贫困退出机制研究》，《中国科学院院刊》2016 年第 3 期，第 296—301 页。

［72］张敏敏，傅新红：《精准扶贫与乡村振兴的联动机制建构》，《农村经济》2019 年第 12 期，第 33—39 页。

［73］章文光：《精准扶贫与乡村振兴战略如何有效衔接》，《人民论坛》2019，2（上）：106 – 107。

［74］赵福昌，张晓云，马洪范：《农村低保制度研究》，《经济研究参考》2007 年第 15 期，第 46—56 页。

［75］郑宝华，张兰英：《中国农村反贫困词汇释义》，北京：中国发展出版社 2004 年版，第 36 页。

［76］周民良：《东北地区"再振兴"战略下资源型城市转型发展研究》，《经济纵横》2015 年第 8 期，第 58—63 页。

［77］左停：《贫困的多维性质与社会安全网视角下的反贫困创新》，《社会保障评论》2017 年第 2 期，第 71—87 页。

［78］Fuchs Victor. Redefining poverty and redistributing income . The Public Interest, 1967（1）：88 – 95.

［79］Peter Townsend. The concept of poverty . London：Heinemann Educational, 1971：31.

［80］Sylvia H. , Jeongwoo L. , Tao Z. , et al. Shrinking cities and resource – based economy: The economic restructuring in China's mining cities . Cities, 2017, 60: 75 – 83.

[81] Walter G. Runciman. Relative deprivation and social justice: a study of attitudes to social inequality in twentieth – century England . London: Routldge & Paul, 1966: 43.

后　记

从 2009 年攻读硕士学位开始算起，我从事乡村发展领域的学习与研究工作已超过十载，但也只能算是初窥门径。2015 年博士毕业后来山西大学工作，生活场域与工作环境的变化，带来了强烈的陌生感。这种陌生感使得我在工作初期对今后的研究方向产生了迷茫与彷徨。幸得师长点拨、同事帮助、团队支撑，才找到自己的研究兴趣点和目标，期望在资源型地区乡村发展领域做出一些探索与成果。

山西省是一个典型的资源型省份，当前及今后一段时期内面临着非常严峻的产业转型和民生改善的压力。城乡融合发展背景下，一方面，全省应积极培育新的支柱产业，逐步消除资源型产业依赖和工业结构重型化约束，促进全省城镇化高质量发展；另一方面，全省要继续加大对农村地区的民生投资，补齐乡村发展的历史欠账和短板，促进乡村振兴，提高农村居民福祉。从这个角度看，山西省特殊的发展阶段与复杂的发展问题，为开展相关领域的学术研究提供了典型案例。作为一名年轻的科研工作者，也希望用自己所学为家乡的振兴发展做出一点点贡献。

我对山西既熟悉又陌生。熟悉，是因为山西是我的家乡，对山西（至少是晋南地区）的乡村风貌、风土人情、人文环境等相对熟悉。陌生，是因为从专业角度去考察与研究山西省乡村发展问题、乡村发展特征、乡村转型路径等科学问题，思考的还不够多、不够深。在山西大学工作刚满五年，期间与团队同事带领学生开展了精准扶贫精准脱贫、采煤沉陷区治理、农村人居环境整治、宅基地制度改革与乡村振兴等方面的专题调查工作，加深了对山西乡村发展的感性认知，收获了丰富的研究素材与资料。在此过程中，与团队同事的探讨与畅谈，碰撞了思想火花，启发了专业思考，收获了研究灵感。本书的写作素材与成稿思路皆得益于此。因此，真诚感谢城乡院团队的几位同事挚友和参与调研的同学们！

从内容方面看，本书基于典型县域的实地调查，侧重于从实证分析的视角研究山西省乡村发展中的突出问题，进而得出一些具有启示性的对策建议。客观地讲，作者受限于自身水平，在相关内容的理论提升方面仍显薄弱，得出的一些结论建议也未必正确，热诚地欢迎读者朋友们批评指正！科学研究需要长期的积累与积淀，典型区域的研究更是建立在丰富的实地调查和长期的理性思考基础之上。近年来的实地调查与感性认知也是积累积淀的过程，今后仍将继续努力，逐渐加深对资源型地区（山西省）乡村问题的科学研究。

最后，感谢出版社细致、有效的编辑工作，使得文字草稿成为一本规整的书籍！

2020 年 7 月于太原